全 世 界 无 产 者，联 合 起 来！

马克思

1848 年至 1850 年的法兰西阶级斗争

中共中央 马克思 恩格斯 著作编译局编译
列 宁 斯大林

人民出版社

编　辑　说　明

　　马克思、恩格斯和列宁的著作是马克思主义的理论原典,是学习、研究、宣传和普及马克思主义的基础文献。为了适应马克思主义中国化、时代化、大众化不断推进的形势,满足广大读者多层次的需求,我们总结了迄今为止的编译经验,考察了国内外出版的有关读物,吸收了理论界提出的宝贵建议,精选马克思、恩格斯和列宁的重要著述,编成《马列主义经典作家文库》。

　　文库辑录的文献分为三个系列:一是著作单行本,收录经典作家撰写的独立成书的重要著作;二是专题选编本,收录经典作家集中论述有关问题的短篇著作和论著节选;三是要论摘编本,辑录经典作家对有关专题的论述,按逻辑结构进行编排。

　　文库编辑工作遵循面向实践、贴近群众的原则,力求在时代特色、学术质量、编排设计方面体现新的水准。

　　本系列是《马列主义经典作家文库》的著作单行本,主要收录马克思、恩格斯和列宁的基本著作以及在各个历史时期的代表性著作,同时收入马克思、恩格斯和列宁在不同时期为这些著作撰写的序言、导言或跋。有些重点著作还增设附录,收入对理解和研究经典著作正文有重要参考价值的文献和史料。列入著作单行本系列的文献一般都是全文刊行,只有马克思恩格斯的《德意志意识形态》、马克思的经济学手稿以及列宁的《哲学笔记》等篇幅较大的著作采用节选形式。

著作单行本系列所收的文献均采用马克思、恩格斯和列宁著作最新版本的译文,以确保经典著作译文的统一性和准确性。自1995年起,由我局编译的《马克思恩格斯全集》第二版陆续问世,迄今已出版24卷;从2004年起,我们又先后编译并出版了《马克思恩格斯文集》和《马克思恩格斯选集》第三版。著作单行本系列收录的马克思恩格斯著作采用了上述最新版本的译文,对未收入上述版本的马克思恩格斯著作的译文,我们按照最新版本的编译标准进行了审核和修订;列宁著作则采用由我局编译的《列宁全集》第二版和《列宁选集》第三版修订版译文。

著作单行本系列采用统一的编辑体例。每本书正文前面均刊有《编者引言》,简要地综述相关著作的时代背景、理论观点和历史地位,帮助读者理解原著、把握要义;同时概括地介绍相关著作写作和流传情况以及中文译本的编译出版情况,供读者参考。正文后面均附有注释和人名索引,以便于读者查考和检索。

著作单行本系列的技术规格沿用《马克思恩格斯全集》第二版和《列宁全集》第二版的相关规定。在马克思、恩格斯、列宁著作的目录和正文中,凡标有星花 * 的标题都是编者加的;引文中的尖括号〈 〉内的文字和标点符号是马克思、恩格斯、列宁加的;未注明"编者注"的脚注,是马克思、恩格斯、列宁的原注;人名索引的条目按汉语拼音字母顺序排列。在马克思恩格斯著作中,引文里加圈点处是马克思、恩格斯加着重号的地方,目录和正文中方括号［　］内的文字是编者加的。在列宁著作中,凡注明"俄文版编者注"的脚注都是指《列宁全集》俄文第五版编者加的注,人名索引中的条头括号内用黑体字排印的是相关人物的真实姓名,未加黑体的则是笔名、别名、曾用名或绰号。此外,列宁著作标题下括号内的日期是编者加的;编者加的日期,公历和俄历并用时,俄历在前,公历在后。

中共中央 马克思　恩格斯 著作编译局
列　宁　斯大林

2014 年 6 月

目　　录

插　　图

编 者 引 言

　　《1848 年至 1850 年的法兰西阶级斗争》是马克思运用唯物史观总结法国 1848—1849 年革命经验,阐发无产阶级革命和无产阶级专政理论的重要著作。

　　1848—1849 年,欧洲大陆爆发了资产阶级民主革命,工人阶级在这场革命中发挥了重要作用,开始为争取自身解放进行自觉的斗争,国际工人运动揭开了崭新的历史篇章。这场革命从法国开始,相继席卷德国、奥地利、匈牙利、意大利和波兰等国家。1848 年 2 月,巴黎人民举行武装起义,推翻"七月王朝",建立共和国。无产阶级和小资产阶级积极参加这次革命,但革命果实却落到资产阶级手中。为反抗资产阶级采取的一系列敌视工人阶级的措施,巴黎工人于 6 月举行大规模武装起义,起义遭到残酷镇压。随后,在资产阶级内部各个派别争权夺利的斗争中,路易·波拿巴掌握了政权。欧洲其他国家的革命也相继失败,工人运动和民主运动转入低潮。

马克思和恩格斯从始至终密切关注这场革命的进程。他们亲自参加德国革命,认真研究欧洲各国的革命形势,在他们共同创办的《新莱茵报》上发表文章,运用《共产党宣言》阐明的科学理论和革命策略原则及时指导工人阶级的斗争实践。革命失败后,他们撰写了一系列著作,科学地分析 1848—1849 年革命的原因、性质和动力,全面总结革命的经验教训,进一步丰富和发展了自己的科学理论。《1848 年至 1850 年的法兰西阶级斗争》就是其中的主要著作之一。

在这部著作中,马克思运用唯物史观分析了法国 1848 年二月革命和六月起义等重大事件,剖析了法国的阶级结构以及各阶级的经济状况和政治态度,阐明了无产阶级革命斗争的理论和策略,第一次提出了"无产阶级专政"概念,并阐明了无产阶级专政的内容。他论述了六月起义的伟大意义和经验教训,指出:"这是分裂现代社会的两个阶级之间的第一次大规模的战斗。这是保存还是消灭资产阶级制度的斗争。"(见本书第 48 页)六月起义的失败使无产阶级确信这样一条真理:"它要在资产阶级共和国范围内稍微改善一下自己的处境只是一种空想。"(见本书第 50 页)无产阶级提出的革命战斗口号是:"推翻资产阶级!工人阶级专政!"(见本书第 50 页)马克思以此划清了革命的社会主义与各种空论的社会主义的界限,指出革命的社会主义"就是宣布不断革命,就是无产阶级的阶级专政,这种专政是达到消灭一切阶级差别,达到消灭这些差别所由产生的一切生产关系,达到消灭和这些生产关系相适应的一切社会关系,达到改变由这些社会关系产生出来的一切观念的必然的过渡阶段"(见本书第 117 页)。针对空论的社会主义关于"劳动权"的幻想,马克思揭示了劳动权的科学内涵,指出:"其实劳动权就是支配资本的权力,支配资本的权力就是占有生产资料,使生产资料受联合起来的工人阶级支配,也就是消灭雇佣劳动、资本及其相互间的关系。"(见本书第61页)马克思还提出了"革命是历史的火车头"(见本书第111页)这个著名论点,并阐述了工农联盟的思想。在这部著作中,马克思分析了1848年革命后英法等国出现的工商业繁荣,在此基础上,他从生产力和生产关系的矛盾运动出发,深刻地揭示了社会革命产生的根本原因和客观条件,丰富了历史唯物主义理论。马克思指出:"在这种普遍繁荣的情况下,即在资产阶级社会的生产力正以在整个资产阶级关系范围内所能达到的速度蓬勃发展的时候,也就谈不到什么真正的革命。只有在现代生产力和资产阶级生产方式这两个要素互相矛盾的时候,这种革命才有可能。"(见本书第127页)

《1848年至1850年的法兰西阶级斗争》写于1849年底—1850年3月底和1850年10月—11月1日,由马克思为《新莱茵报。政治经济评论》杂志撰写的一组文章组成。马克思原计划写四篇文章:《1848年的六月失败》、《1849年6月13日》、《6月13日在大陆上产生的后果》和《英国的现状》,但是在该杂志第1、2、3期上只发表了前三篇文章,总标题为《1848年至1849年》。关于1849年六月事件对大陆的影响以及英国的状况,马克思和恩格斯在该杂志的其他文章中,尤其是在他们合写的时评中作了阐述。

1895年1月30日,德国社会民主党《前进报》出版社经理理·费舍写信给恩格斯,建议把马克思在1850年《新莱茵报。政治经济评论》上发表的论述法国1848年革命的三篇文章编成单行本出版。恩格斯同意了这个建议,将这组文章编成单行本在柏林出版。他为各章拟定了标题,并将总标题改为《1848年至1850年的法兰西阶级斗争》。在编校过程中,恩格斯增添了第四章,即《新莱茵报。政治经济评论》第 5—6 期合刊发表的《时评。1850年 5—10 月》中有关法国事件的部分(参看《马克思恩格斯全集》中文第 2 版第 10 卷第 593—596、602—613 页)。恩格斯还给这一章加了标题:《1850 年普选权的废除》。他在 1895 年 2 月 13 日给理·费舍的信中说,这样"就真正使得这部著作完整了,否则小册子将显得残缺不全"(见《马克思恩格斯文集》第 10 卷第 685页)。在单行本中,前三章的标题改为:《从 1848 年 2 月到 1848 年6 月》、《从 1848 年 6 月到 1849 年 6 月 13 日》、《从 1849 年 6 月 13日到 1850 年 3 月 10 日》。在本书中,前三章仍沿用《新莱茵报。政治经济评论》发表时的标题,第四章则采用了 1895 年版的标题。

本书还收录了恩格斯写的《卡·马克思〈1848 年至 1850 年的法兰西阶级斗争〉一书导言》。这篇导言是恩格斯根据资本主义新变化和工人运动新经验撰写的论述无产阶级政党革命斗争策略思想的重要著作。

19 世纪最后十年,西方资本主义国家生产力水平显著提高,科学技术迅速发展,资本的积聚和集中不断加速,资本主义逐步从自由竞争阶段过渡到垄断阶段。与此同时,工人阶级反对资本主义统治的斗争蓬勃高涨,以科学社会主义为指导的工人政党不断巩固和壮大。在德国,反动政府实行了 12 年之久的反社会党人法被废除,德国社会民主党在帝国国会选举中取得越来越大的成就。在这种形势下,德国社会民主党内出现了两种错误倾向:一种是无视客观条件的变化,否认议会斗争和其他合法活动的必要性;另一种是对议会充满幻想,把议会活动视为无产阶级斗争的唯一形式。恩格斯针对党内错误倾向,结合资本主义发展的新趋势和阶级斗争的新特点,撰写了这篇《导言》。

在《导言》中,恩格斯阐述了马克思《1848 年至 1850 年的法兰西阶级斗争》的理论价值和实践意义,指出:"使本书具有特别重大意义的是,在这里第一次提出了世界各国工人政党都一致用以扼要表述自己的经济改造要求的公式,即:生产资料归社会所有"(见本书第6页)。恩格斯认为这一公式是科学社会主义区别于形形色色封建的、资产阶级的、小资产阶级的社会主义的根本特征。恩格斯详细具体地分析了 1848 年以来欧洲的经济发展状况,指出:在 1848 年革命时期,欧洲资本主义经济还有很大的扩展能力,欧洲大陆的经济发展状况还远远没有成熟到可以铲除资本主义生产的程度,因此 1848 年革命时期他和马克思关于无产阶级与资产阶级大决战已经开始的看法是不符合实际的,以一次简单的突然袭击来实现社会改造是不可能的。恩格斯强调无产阶级政党应当根据变化了的条件制定符合新的形势要求的新的斗争策略。他充分肯定德国社会民主党利用普选权取得的成就,指出:在德国工人那里,普选权从历来的欺骗手段变成了解放手段,普选权成为无产阶级的一种崭新的斗争方式,应当利用普选权这一合法斗争形式为未来的决战积蓄和准备力量。他同时告诫无产阶级决不能放弃革命暴力,决不能放弃革命权,"革命权是唯一的真正'历史权利'——是所有现代国家无一例外都以它为基础建立起来的唯一权利"(见本书第20页)。

《卡·马克思〈1848 年至 1850 年的法兰西阶级斗争〉一书导言》是恩格斯应德国社会民主党《前进报》出版社经理理·费舍的请求,于 1895 年 2 月 14 日—3 月 6 日撰写的。1895 年 3 月 6 日,费舍受党的执行委员会委托给恩格斯写信,以当时德意志帝国国会正在讨论所谓反颠覆法草案为由,请求恩格斯按照随信附上的修改方案对导言进行修改。恩格斯在 3 月 8 日的复信中表示,他尽可能考虑党的执行委员会的严重担忧,接受他们的部分修改意见。同时,恩格斯郑重声明,导言的原稿经过这样的删改已受到一些损害,他自己在修改原稿方面绝不会再多走一步。他还告诫党的执行委员会不要在半专制制度下的德国"立誓忠于绝对守法",指出"没有一个国家的任何一个政党会走得这么远,竟然放弃拿起武器对抗不法行为这一权利"(见《马克思恩格斯选集》第 3 版第 4 卷第 659 页)。

在单行本出版前,1895 年 3 月 30 日的《前进报》发表了一篇题为《目前革命应怎样进行》的社论,其中未经恩格斯同意就从导言中断章取义地摘录了几段话,使恩格斯的观点遭到严重歪曲,似乎他主张"无论如何都要守法"。恩格斯看到后非常气愤,在 1895 年 4 月 1 日给卡·考茨基的信中强调有必要在《新时代》上全文发表导言,以"消除这个可耻印象"(见《马克思恩格斯文集》第 10 卷第 699 页)。他在 1895 年 4 月 3 日给保·拉法格的信中也批评了《前进报》的这种做法,指出:"我谈的这个策略仅仅是针对今天的德国,而且还有重要的附带条件。对法国、比利时、意大利、奥地利来说,这个策略就不能整个采用。就是对德国,明天它也可能就不适用了。"(见《马克思恩格斯文集》第 10 卷第 700 页)根据恩格斯的要求,1894—1895 年《新时代》杂志第 13 年卷第 2 册第 27 期和 28 期连载了这篇导言,但仍保留了作者在单行本导言中所作的删改。

1925 年,苏共中央马克思恩格斯研究院院长达·梁赞诺夫在《在马克思主义旗帜下》1925 年第 1 期发表《恩格斯为〈1848 年至

1850年的法兰西阶级斗争〉一书写的导言》,根据研究院收集到的导言手稿和排印的条样,介绍了它在1895年发表时被删改的情况。在本书中,导言的删改之处都在脚注中作了说明。

《1848年至1850年的法兰西阶级斗争》的第一个中译本由柯柏年翻译,1942年7月延安解放社出版,书名为《法兰西阶级斗争》,该书收入了《卡·马克思〈1848年至1850年的法兰西阶级斗争〉一书导言》的中译文。

卡·马克思

1848 年至 1850 年的
法兰西阶级斗争

弗·恩格斯

卡·马克思《1848 年至 1850 年的
法兰西阶级斗争》一书导言

目前再版的这部著作,是马克思用他的唯物主义观点从一定经济状况出发来说明一段现代历史的初次尝试。在《共产主义宣言》①中,用这个理论大略地说明了全部近代史;在马克思和我在《新莱茵报》[1]上发表的文章中,这个理论一直被用来解释当时发生的政治事件。可是,这里的问题是要把一个对全欧洲都很关键而又很典型的多年发展过程中的内在因果联系揭示出来,照作者看来,就是把政治事件归结为最终是经济原因的作用。

在判断当前发生的各个事件和一系列事件时,人们总是不能追溯到**最终**的经济原因。甚至在今天已经有相应的专业报刊提供这样丰富的材料的时候,即使在英国都还没有可能逐日考察工业和世界市场贸易的进程以及生产方法中发生的变化,从而对这些十分复杂和不断变化的因素随时作出全面的总结,更何况其中那些最重要的因素,在还没有突然有力地显露出来以前,大部分都是长时期处于隐蔽作用状态。某一个时期的经济史的清晰的概况,

---

① 即《共产党宣言》。——编者注

决不会在当时就得到,而只有在事后,即在搜集和整理了材料之后才能得到。在这里,统计是必要的辅助手段,而统计总是落在事件之后。因此,在研究当前的事件时,往往不得不把这个最重要的因素看做是固定的,把所研究的时期开始时存在的经济状况看做是在整个时期内不变的,或者只考虑这个状况中那些从现有的明显事件本身产生出来因而同样是十分明显的变化。所以,唯物主义的方法在这里就往往只限于把政治冲突归结为由经济发展所造成的现有各社会阶级以及各阶级集团的利益的斗争,而把各个政党看做是这些阶级以及阶级集团的大体相应的政治表现。

不言而喻,这种对经济状况(这是所要研究的一切过程的真正基础)中同时发生的种种变化的不可避免的忽略,必然是产生错误的根源。但是,概括叙述眼前的事件时所面对的一切条件都不可避免地包含产生错误的根源,然而这并不妨碍任何人去写眼前的事件。

当马克思着手撰写本书时,要避免上面所说的那种产生错误的根源就更难了。在 1848—1849 年革命时期,要跟踪考察同时发生的那些经济变化,或者即使只是掌握它们的概况,也简直是不可能的。在流亡伦敦的最初几个月,即 1849—1850 年的秋冬,情况也是一样。然而马克思正是在这个时候开始撰写本书的。虽然有这些不利的情况,但是,由于马克思准确了解法国在二月革命[2]以前的经济状况以及这个国家在二月革命以后的政治事件,所以他能对当时的事变作出这样的叙述,这一叙述对事变内在联系的揭示达到了至今还无人达到的程度,并且光辉地经受住了后来由马克思自己进行的两度检验。

第一次检验是这样来的:从 1850 年春天起,马克思又有空从

Einleitung zum Neudruck von Marx' „Klassenkämpfe in Frankreich 1848-1850".

Von Friedrich Engels.*

Die hiermit neu herausgegebene Arbeit war Marx' erster Versuch, ein Stück Zeitgeschichte vermittelst seiner materialistischen Auffassungsweise aus der gegebenen ökonomischen Lage zu erklären. Im kommunistischen Manifest war die Theorie in großen Umrissen auf die ganze neuere Geschichte angewandt, in Marx'

* In der „Neuen Rheinischen Zeitung", politisch-ökonomische Revue, Hamburg 1850, redigirt von K. Marx, veröffentlichte dieser eine Artikelserie über die damals eben verflossenen revolutionären Ereignisse in Frankreich. Diese ungemein wichtigen Artikel, deren Bedeutung oben von Engels näher auseinandergesetzt wird, erscheinen jetzt im Verlag des „Vorwärts" im Separatabdruck unter dem Titel „Die Massenkämpfe in Frankreich 1848-1850", mit einer Einleitung von Engels, die nicht blos eine Einführung in das Studium der Schrift bildet, sondern auch die schärfste und klarste Gegenüberstellung der Lage, welche die Umstände heute dem revolutionären Proletariat vorschreiben, und jener von 1848. Mit Engels' freundlicher Genehmigung veröffentlichen wir hier diese Einleitung.   Die Redaktion.

事经济研究,并且首先着手研究最近10年的经济史。结果,他从事实中完全弄清楚了他以前半先验地根据不完备的材料所推出的结论,即:1847年的世界贸易危机孕育了二月革命和三月革命[3];从1848年年中开始逐渐复兴而在1849年和1850年达到全盛状态的工业繁荣,是重新强大起来的欧洲反动势力的振奋力量。这是有决定意义的。如果说在前三篇文章中(载于1850年汉堡出版的《新莱茵报。政治经济评论》[4]1月号、2月号和3月号)还在期待不久革命力量新高涨就会到来,那么由马克思和我为1850年秋季出版的最后一期合刊号(5—10月)所写的那篇《时评》,就已经永远抛弃了这种幻想,那里指出:"新的革命,只有在新的危机之后才可能发生。但新的革命正如新的危机一样肯定会来临。"[5]然而这是我们所必须作的唯一重大修改。前几篇文章中对于事变所作的解释,那里所确定的种种因果关系,都绝对没有什么需要改动的地方,上面提到的那篇时评中对1850年3月10日至秋季的续评就表明了这一点。因此,我就把这个续篇作为第四篇文章编入了本版。

第二次检验更为严格。在路易·波拿巴1851年12月2日政变之后,马克思立刻重新探讨了从1848年2月起直到这次暂时结束了革命时期的事变为止的法国历史(《路易·波拿巴的雾月十八日》①第三版,1885年汉堡迈斯纳出版社出版)。在这本小册子里,又一次谈到了本书中所描述的时期,不过较为简略一些。如果把这个参照一年多以后发生的决定性事变作出的第二次记述与本书比较一下,就可看到作者只须作很少的改动。

---

① 见《马克思恩格斯选集》第3版第1卷。——编者注

使本书具有特别重大意义的是,在这里第一次提出了世界各国工人政党都一致用以扼要表述自己的经济改造要求的公式,即:生产资料归社会所有。在第二章中,讲到被称做"初次概述无产阶级各种革命要求的笨拙公式"的"劳动权"时说:"其实劳动权就是支配资本的权力,支配资本的权力就是**占有生产资料**,使生产资料受联合起来的工人阶级支配,也就是消灭雇佣劳动、资本及其相互间的关系。"①可见,这里第一次表述了一个使现代工人社会主义既与封建的、资产阶级的、小资产阶级的等形形色色的社会主义截然不同,又与空想的以及自发的工人共产主义所提出的模糊的财产公有截然不同的原理。如果说马克思后来把这个公式也扩大到占有交换手段上,那么这种扩大不过是从基本原理中得出的结论罢了,况且,按《共产主义宣言》②来看这种扩大是不言而喻的。最近英国有些聪明人对此还提出了一个补充,说"分配手段"也应该转交给社会。这些先生大概很难说清楚,这些不同于生产资料和交换手段的经济分配手段究竟是些什么东西;他们莫不是指**政治的**分配手段,如捐税、包括萨克森林地③及其他各种奖赏在内的贫民救济。但是,首先,这些分配手段现今已经归社会整体即国家或市镇所有;其次,这些分配手段正是我们想要废除的。

————

当二月革命爆发时,在关于革命运动的条件和进程的看法上,我们大家都受过去的历史经验,特别是法国经验的影响。因为正是法国在1789年以来的全部欧洲历史中起了主导作用,而现在它

①　见《马克思恩格斯选集》第3版第1卷第478—479页。——编者注
②　即《共产党宣言》。——编者注
③　指1871年皇帝威廉一世赠给俾斯麦的汉堡附近的地产。——编者注

又再次发出了普遍变革的信号。因此,我们关于 1848 年 2 月在巴黎所宣布的"社会"革命即无产阶级革命的性质和步骤的观念,带有回忆 1789—1830 年榜样[6]的浓厚色彩,这是很自然的和不可避免的。而当巴黎起义在维也纳、米兰和柏林的胜利起义[7]中获得响应时;当整个欧洲直至俄国边境都被卷入运动时;当后来 6 月间在巴黎发生无产阶级和资产阶级争夺统治权的第一次大搏斗[8]时;当甚至资产阶级的胜利也如此震撼各国资产阶级,致使它又重新投入刚被推翻的君主封建反动势力的怀抱时——在当时的情势下,我们不可能有丝毫怀疑:伟大的决战已经开始,这个决战将在一个很长的和充满变化的革命时期中进行到底,而结局只能是无产阶级的最终胜利。

在 1849 年失败以后,我们并没有与那些在国外聚集在未来临时政府周围的庸俗民主派抱着相同的幻想。他们指望"人民"很快就会一举彻底打败"压迫者",我们却估计到在铲除"压迫者"之后,这个"人民"内部所隐藏着的对立成分彼此之间将进行长期的斗争。庸俗民主派等待着不久将再次爆发革命;我们却早在 1850 年秋季就已经宣布,至少革命时期的**第一**阶段已告结束,而在新的世界经济危机爆发以前什么也等待不到。因为这个缘故,我们当时曾被某些人当做革命叛徒革出教门,可是这些人后来只要受到俾斯麦的拉拢,就几乎毫无例外地跟俾斯麦和解了。

但是,历史表明我们也曾经错了,暴露出我们当时的看法只是一个幻想。历史走得更远:它不仅打破了我们当时的错误看法,并且还完全改变了无产阶级进行斗争的条件。1848 年的斗争方法,今天在一切方面都已经过时了,这一点值得在这里比较仔细地加以探讨。

以往的一切革命,结果都是某一阶级的统治被另一阶级的统治所排挤;但是,以往的一切统治阶级,对被统治的人民群众而言,都只是区区少数。这样,一个统治的少数被推翻了,另一个少数又取代它执掌政权并依照自己的利益改造国家制度。每次上台的都是一个由于经济发展状况而有能力并且负有使命进行统治的少数集团,正因为如此,并且也只是因为如此,所以在变革发生时,被统治的多数或者站在这个少数集团方面参加变革,或者安然听之任之。但是,如果撇开每一次的具体内容不谈,那么这一切革命的共同形式就在于:它们都是少数人的革命。多数人即使参加了,他们也只是自觉地或不自觉地为少数人效劳;然而,正是由于这种情形,或者甚至只是由于多数人采取消极的不反抗的态度,就造成了一种假象,好像这个少数是代表全体人民的。

在初次取得巨大的成就以后,胜利的少数照例发生分裂,其中一部分人满足于已经达到的成就,另一部分人则想继续前进,提出一些新的要求,这些要求至少有一部分是符合广大人民群众的真正的或表面的利益的。在个别场合,这些比较激进的要求也曾实现过;不过,往往只是瞬间的,较温和的一派重新占了上风,刚取得的成果又全部或部分地化为乌有;于是战败者就高呼有人叛变,或者把失败归咎于偶然。而实际上情形大多是这样:第一次胜利的成果,只有通过较激进的一派取得第二次胜利才会巩固下来;而一旦达到这一点,从而实现当前所必需的东西,激进派及其成就又从舞台上消失了。

从 17 世纪英国大革命起的近代一切革命,都显示了这些似乎是与任何革命斗争分不开的特征。看来,无产阶级争取自己解放的斗争也具有这些特征,何况恰好在 1848 年,哪怕只是稍微懂得一点应该循哪个方向去求得这一解放的人还是屈指可数的。甚至连巴黎的无产阶级群众本身,在获得胜利后也还完全不明白应该选择哪一条道路。然而终究已经有了运动,有了本能的、自发的和不可遏止的运动。难道这不正是革命一定要获得成功的形势吗?虽然这次革命是由少数人领导的,但这一次已经不是为了少数人的利益,而是为了多数人的真正利益而进行的革命。既然在一切稍微长久的革命时期中,广大的人民群众如此容易被那些拼命挤到前面来的少数人的纯粹的花言巧语所欺蒙,那么他们对于那些最确切地反映他们经济状况的思想,对于那些正好是明确而合理地表达了他们自己尚未理解,而只是刚刚模糊地感觉到的要求的思想,难道会更难接受吗?诚然,当幻想消失而失望袭来的时候,人民群众的这种革命情绪几乎总是,而且往往很快就变为心灰意冷,甚至转到相反的方面去。但是,这里所涉及的问题不是欺蒙,而是实现大多数人本身的真正利益;虽然这些利益当时还根本没有为这大多数人所认识,但是在其实际实现的过程中,由于亲眼目睹而令人信服,一定很快就会为他们所认识。并且,正如马克思在第三篇文章中所证明的,1848 年"社会"革命中所产生的资产阶级共和国发展到 1850 年春季,已经使实际统治集中于大资产阶级——而且是具有保皇主义倾向的大资产阶级——手中,而另一方面则使所有其他的社会阶级,农民和小资产者,团结到无产阶级周围,以致在共同胜利时和共同胜利后,应该成为决定因素的已经不是大资产阶级,而是有了经验教训已经变得聪明起来的无产阶级。在这些条件下,难道不是完全存在着少数人的革命变成多数人的革命的前景吗?

历史表明,我们以及所有和我们有同样想法的人,都是不对的。历史清楚地表明,当时欧洲大陆经济发展的状况还远没有成熟到可以铲除资本主义生产的程度;历史用经济革命证明了这一点,从 1848 年起经济革命席卷了整个欧洲大陆,在法国、奥地利、匈牙利、波兰以及最近在俄国刚刚真正确立了大工业,并且使德国简直就变成了一个头等工业国——这一切都是以资本主义为基础的,可见这个基础在 1848 年还具有很大的扩展能力。然而,正是这个工业革命才到处都使各阶级之间的关系明朗化起来;它排除了从工场手工业时期遗留下来,而在东欧甚至是从行会手工业中遗留下来的许多过渡形式,造成了真正的资产阶级和真正的大工业无产阶级,并把它们推到了社会发展的前台。因此,在 1848 年除英国之外只在巴黎以及充其量在几个大工业中心发生的这两大阶级之间的斗争,现在已经遍及全欧洲,并且达到了在 1848 年还难以想象的激烈程度。那时存在的是许多模模糊糊的宗派福音及其各自的万应灵丹;现在则是马克思的理论,是**一个**得到大家公认的、透彻明了的、明确地表述了斗争的最终目标的理论。那时按照地区和民族来划分和区别的群众,只是由共同蒙受痛苦的感情联结起来,还不成熟,往往一筹莫展地摇摆于热情与绝望之间;现在则是**一支**社会主义者的国际大军,它不可阻挡地前进,它的人数、组织性、纪律性、觉悟程度和胜利信心都与日俱增。既然连这支强大的无产阶级大军也还没有达到目的,既然它还远不能以**一次**重大的打击取得胜利,而不得不慢慢向前推进,在严酷顽强的斗争中夺取一个一个的阵地,那么这就彻底证明了,在 1848 年要以一次简单的突然袭击来实现社会改造,是多么不可能的事情。

资产阶级分裂成两个王朝保皇集团[9],但是它要求的首先是它的金融活动所需的太平和安全;与之相对抗的,是虽被打败但仍然很可畏的无产阶级,小资产者和农民日益聚集在它的周围——这就始终存在突发暴力事件的威胁,而这种突发事件无论如何也不能提供任何最终解决问题的希望——,这就像是专为第三个,即冒牌民主主义的王位追求者路易·波拿巴举行政变造成的局势。1851 年 12 月 2 日,路易·波拿巴借助军队结束了紧张局势,保障了欧洲内部的安宁,同时又赐给了它一个新的战争时代。从下面进行革命的时期暂告结束了;随之而来的是从上面进行革命的时期。

　　1851 年的向帝制倒退,又一次证明那时无产阶级的意愿还不成熟。但是向帝制倒退本身必定会造成使无产阶级的意愿成熟起来的条件。内部安宁为新的工业繁荣的充分发展提供了保证;由于需要使军队有事可做,并且由于需要将革命潮流引开,使之关注国外,结果就产生了战争,而波拿巴就利用这些战争,借口实现"民族原则"[10],千方百计为法国兼并领土。他的效尤者俾斯麦为普鲁士采取了同样的政策;1866 年俾斯麦实行了他自己的政变,对德意志联邦和奥地利,同样也对那个跟政府发生冲突的普鲁士议院,实行了一个从上面进行的革命。可是,欧洲太小,容不下两个波拿巴,于是就出现了历史的讽刺,俾斯麦推翻了波拿巴,普鲁士国王威廉不仅建立了一个小德意志帝国[11],而且还建立了一个法兰西共和国。然而总的结果则是,欧洲除波兰以外的所有各个大民族的独立自主和内部统一都成了现实。诚然,疆界是小了点,但是毕竟已宽广到足以使工人阶级的发展进程不再受民族纠纷的阻碍了。1848 年革命的掘墓人,竟成了它的遗嘱执行人。而在他们旁边则已经有 1848 年革命的继承者令人生畏地站立起来,这就是以**国际**[12]为代表的无产阶级。

在 1870—1871 年的战争以后,波拿巴从舞台上消失了,俾斯麦的使命也已经完成,于是他又可以变成一个平庸的容克了。可是,结束这个时期的却是巴黎公社。梯也尔想窃取巴黎国民自卫军大炮的险恶企图,引起了一次胜利的起义。这再次表明,在巴黎,除了无产阶级的革命以外,任何其他的革命都已经不可能了。在胜利后,统治权就自然而然地、不容争辩地落到了工人阶级手中。这又表明,甚至在那时,即在本书所描述的那个时期的 20 年以后,工人阶级的这种统治还是多么不可能。一方面,法国让巴黎听天由命,无动于衷地观望着它在麦克马洪的炮弹下流血;另一方面,布朗基派(多数)和蒲鲁东派(少数)使公社本身发生分裂,这两派都不知道应该干什么,彼此进行着无谓的斗争,致使公社精力疲惫。1871 年的送上来的胜利,也和 1848 年的突然袭击一样,都没有什么成果。

人们以为战斗的无产阶级也跟巴黎公社一起被彻底埋葬了。可是,恰恰相反,无产阶级最强有力的发展,是从公社和普法战争的时候开始的。所有适合服兵役的人都应征入伍,被编入数以百万计的军队,加之威力空前强大的火器、炮弹和炸药的采用——这一切在整个军事领域造成了全面的变革,从而一方面使得除了空前酷烈而结局绝对无法逆料的世界战争以外的任何其他战争都成为不可能,这样就立刻结束了波拿巴的战争时期并且保证了和平的工业发展。另一方面,它使得军费按几何级数增长,必然引起捐税的激增,从而迫使人口中较贫苦的阶级投入社会主义的怀抱。阿尔萨斯—洛林的兼并,这个引起疯狂军备竞争的最近原因,能够煽起法德两国资产阶级互相敌对的沙文主义情绪,但是它却成了两国工人的新的联系纽带。而巴黎公社的周年纪念日,则成了全体无产阶级的第一个共同节日。

正如马克思所预言的,1870—1871 年的战争和公社的失败,暂时使欧洲工人运动的重心从法国移到了德国。在法国,要从 1871 年 5 月的流血牺牲中复原过来,自然需要多年的时间。在德国则相反,工业因从法国获得的数十亿横财[13],简直像处在温室条件下一样更加迅猛地发展起来,而社会民主党也更加迅猛和持续地成长起来。由于德国工人善于利用 1866 年开始实行的普选权,党的惊人的成长就以无可争辩的数字展现在全世界面前:社会民主党所得的选票 1871 年为 102 000 张,1874 年为 352 000 张,1877 年为 493 000 张。接着就是当局以实行反社会党人法[14]的方式承认了这些成就;党暂时被打散了,所得选票在 1881 年降到了 312 000 张。但是这种状况很快就被克服了,当时正是在受非常法压迫、没有报刊、没有合法组织、没有结社集会权利的情况下,真正开始了迅速的增长:1884 年为 550 000 张,1887 年为 763 000 张,1890 年为 1 427 000 张。这时,国家的手就软了。反社会党人法废除了,社会党人的选票增到了 1 787 000 张,即超过总票数的四分之一。政府和统治阶级使尽了一切手段,可是毫无用处,毫无成效,毫无结果。当局,从巡夜人以至首相,都不得不接受——并且是从被看不起的工人那里接受! ——表明自己无能为力的明显证据,而这种证据数以百万计。国家已经走入绝境,工人却刚起程。

德国工人仅仅以自己作为最强有力、最守纪律并且增长最快的社会主义政党的存在,就已经对工人阶级事业作出了头一个重大贡献,而除此以外,他们还对这个事业作出了第二个重大贡献。他们给了世界各国的同志们一件新的武器——最锐利的武器中的一件武器,向他们表明了应该怎样使用普选权。

普选权在法国老早就已经存在了,但是它在那里因为被波拿巴政府滥用而声名狼藉。公社之后,就没有工人政党去利用它了。在西班牙,普选权也是自共和国成立时起就已经施行了的[15],但在西班牙拒绝参加选举早已成为所有严肃的反对党的通例。瑞士实施普选权的结果,也根本不能鼓舞工人政党。罗曼语国家的革命工人都惯于把选举权看做陷阱,看做政府的欺骗工具。在德国,情况就不同了。《共产主义宣言》①早已宣布,争取普选权、争取民主,是战斗的无产阶级的首要任务之一,而拉萨尔又再次提出了这个要求。当俾斯麦不得不实施普选权作为使人民群众对他的计划发生兴趣的唯一手段时,我们的工人立刻就认真地加以对待,把奥古斯特·倍倍尔选进了第一届制宪帝国国会。从此以后,他们就一直这样使用选举权,以致使他们自己得到了千百倍的好处,并成了世界各国工人的榜样。如果用法国马克思主义纲领中的话来说,选举权已经被他们transformé, de moyen de duperie qu'il a été jusqu'ici, en instrument d'émancipation——由向来是欺骗的工具变为解放的工具。② 并且,即使普选权再没有提供什么别的好处,只是使我们能够每三年计算一次自己的力量;只是通过定期确认的选票数目的意外迅速的增长,既加强工人的胜利信心,同样又增加对手的恐惧,因而成为我们最好的宣传手段;只是给我们提供了关于我们自身力量和各个敌对党派力量的精确情报,从而给了我们一把衡量我们的行动是否适度的独一无二的尺子,使我们既可避

① 即《共产党宣言》。——编者注
② 马克思《法国工人党纲领导言(草案)》,《马克思恩格斯选集》第 3 版第 3 卷第 818 页。——编者注

免不适时的畏缩，又可避免不适时的蛮勇——即使这是选举权所给予我们的唯一的好处，那也就够多了。但是它的好处还要多得多。在竞选宣传中，它给了我们独一无二的手段到人民还疏远我们的地方去接触群众，并迫使一切政党在全体人民面前回答我们的抨击，维护自己的观点和行动；此外，它在帝国国会中给我们的代表提供了一个讲坛，我们的代表在这个讲坛上可以比在报刊上和集会上更有权威和更自由得多地向自己在议会中的对手和议会外的群众讲话。既然竞选宣传和帝国国会中的社会主义演说不断地突破反社会党人法，那么这项法律对于政府和资产阶级还有什么用处呢？

而由于这样有成效地利用普选权，无产阶级的一种崭新的斗争方式就开始发挥作用，并且迅速获得进一步的发展。人们发现，在资产阶级用来组织其统治的国家机构中，也有一些东西是工人阶级能够用来对这些机构本身作斗争的。工人参加各邦议会、市镇委员会以及工商业仲裁法庭的选举；他们同资产阶级争夺每一个职位，只要在确定该职位的人选时有足够的工人票数参加表决。结果弄得资产阶级和政府害怕工人政党的合法活动更甚于害怕它的不合法活动，害怕选举成就更甚于害怕起义成就。

这里斗争的条件毕竟已经发生了根本的变化。旧式的起义，在 1848 年以前到处都起过决定作用的筑垒巷战，现在大大过时了。

我们对此不应抱什么幻想，因为在巷战中起义者对军队的真正胜利，像两支军队之间的那种胜利，是极其罕见的。而起义者指望获得这样的胜利，也是同样罕见的。对起义者而言，关键在于用道义影响来动摇军队的士气，而这在两个交战国军队之间不会有任何作用,或者无论如何作用要小得多。如果这一点做到了,军队就会拒绝开枪,或者指挥官就会惊慌失措,而起义就会胜利。如果做不到,那么军队方面即使人数较少,也会显示出装备和训练较好、指挥统一、兵力调度得当和遵守军纪等长处。起义在实际战术行动中所能达到的,至多也只是熟练地构筑和防卫个别街垒。至于互相支援、后备力量的配置或使用,简言之,各分队的互相配合和协同动作,在防卫一个市区时已经是必不可少的,更不用说防卫整个大城市了——但是这在起义的场合往往是根本做不到的,即使做到了也是漏洞百出;集中战斗力于决定胜负的一点,在这里也就谈不上了。所以,这里主要的斗争形式是消极防御;如果某些地方也采取攻势,那只是例外,只是为了进行偶然的出击和侧翼攻击;通常进攻只限于占领退却军队所放弃的阵地。并且,军队拥有大炮以及装备精良和训练有素的工兵,而起义者则差不多总是完全缺乏这些战斗手段。所以无怪乎那些表现了莫大英勇精神的街垒战——如 1848 年 6 月在巴黎,1848 年 10 月在维也纳,1849 年 5 月在德累斯顿[16]——,当进攻部队的指挥官抛开政治上的考虑而按纯粹军事观点采取行动,并且手下的士兵仍属可靠的时候,就都以起义失败而告终。

1848 年以前起义者多次获得成功,是有各种各样原因的。1830 年 7 月和 1848 年 2 月在巴黎,以及在西班牙大部分巷战中,在军队与起义者之间都站着市民自卫军,它或者是直接投向起义者方面,或者是因采取冷漠的、犹豫不决的态度而使得军队也发生动摇,并且它还为起义者提供武器。凡是在这种市民自卫军一开始就表示反对起义的地方,如 1848 年 6 月在巴黎那样,起义便会遭受失败。1848 年柏林人民之所以获得胜利,一部分是由于 3 月

18 日夜间到 19 日早晨有许多新的战斗力量归附了他们,一部分
是由于军队的疲惫和供应恶劣,还有一部分是由于指挥不力。但
是在一切场合,起义者获得胜利总是由于军队拒绝执行命令,由于
指挥官优柔寡断,或是由于指挥官的行动受到了束缚。

可见,即使在盛行巷战的时代,街垒在道义上也比在物质上起
的作用更大。街垒是一种动摇军心的手段。如果能坚持到实现这
个目的,就获得胜利;否则就遭受失败。在考察将来可能发生的巷
战的胜利机会时,这也是应该注意的一个主要点。①

在 1849 年,这种胜利机会就已经相当少了。资产阶级到处都
投到政府方面去了;"教育和财产"的代表人物欢迎和犒赏了镇压
起义的军队。街垒已经丧失了它的魅力;士兵已经不是把街垒后
面的人们看做"人民",而是把他们看做叛逆者、颠覆分子、抢掠
者、分赃分子、社会渣滓;军官们渐渐掌握了巷战的战术形式:他们
已经不是毫无掩蔽地径直冲向匆匆砌成的胸墙,而是穿过花园、庭
院和房屋迂回前进。而这种办法,现在只要稍微用得巧妙一些,十
回有九回都能得手。

而自那时以来,又发生了许多变化,并且都对军队有利。如果
说大城市已经扩展了很多,那么军队就扩增得更多了。巴黎和柏
林的人口自 1848 年以来增长不到四倍,而那里的驻军却增长到四
倍以上。借助铁路,这些驻军的人数在 24 小时内就能增加一倍以
上,而在 48 小时内则能扩增为一支大军。这些军队不仅人数大量
增加,在武装上也是无比地改进了。在 1848 年是击发式前装滑膛

---

① 在《新时代》杂志刊载的文本和 1895 年出版的单行本《1848 年至 1850
年的法兰西阶级斗争》中,这句话被删去。——编者注

枪,现在是小口径后装弹仓枪,它的射程是旧式枪的四倍,准确性和射速则是十倍。先前大炮发射的是威力不大的实心球形弹和霰弹,现在则是爆炸式的榴弹,只要命中一发,就足以摧毁最好的街垒。先前用以破坏防火壁的是工兵的丁字镐,现在则是炸药筒。

相反,在起义者方面,一切条件都变坏了。人民各个阶层都同情的起义,很难再有了;在阶级斗争中,中间阶层大概永远不会毫无例外地统统团结在无产阶级的周围,从而使纠集在资产阶级周围的反动党派几乎完全消失。就是说,"人民"看来将总是分开的,因而也就不会有一个强有力的像在 1848 年那样非常起作用的杠杆了。如果有较多服过役的士兵投到起义者方面,那么要把他们武装起来就更为困难了。枪械商店中的猎枪和豪华枪,即使没有按照警察命令预先把枪机的某一部分拆去而弄成不能使用,在近战中也远比不上士兵的弹仓枪。在 1848 年以前,可以自己用火药和铅制造出所需的子弹,而现在每种枪的子弹都各不相同,其相同点只在于它们都是大工业的复杂产品,因而是不能即刻制成的,所以,如果没有专用的子弹,大部分枪支就都会成为废物。最后,各大城市在 1848 年以后新建的街区中,街道都是又长、又直、又宽,好像是故意要使新式枪炮能充分发挥其效力似的。一个革命者,如果自愿选择柏林北部和东部的新建工人街区来进行街垒战,那他一定是疯了。

这是不是说,巷战在将来就不会再起什么作用了呢? 决不是。这只是说,自 1848 年以来,各种条件对于民间战士已经变得不利得多,而对于军队则已经变得有利得多了。所以说,将来的巷战,只有当这种不利的情况有其他的因素来抵消的时候,才能达到胜利。因此,巷战今后在大规模革命初期将比在大规模革命的发展进程中要少,并且必须要用较多的兵力来进行。而这样多的兵力,正如在整个法国大革命期间以及1870年9月4日和10月31日在巴黎[17]那样,到时候恐怕会宁愿采取公开进攻,而不采取消极的街垒战术。①

现在,读者是否已经明白了,为什么统治阶级一定要把我们引到枪鸣剑啸的地方去?为什么现在人家因为我们不愿贸然走上我们预先知道必遭失败的街头,就指责我们怯懦?为什么他们这样坚决恳求我们最终答应去当炮灰?

这些先生们发出的恳求和挑战完全是徒劳的。我们并不这么笨。他们也可以在下一次战争中同样要求敌人,把军队排列成老弗里茨②式的横队,或是排列成瓦格拉姆会战[18]和滑铁卢会战[19]中那样的整师构成的纵队,并且手持燧发枪。如果说国家间战争的条件已经变化,那么阶级斗争的条件也有了同样大的变化。实行突然袭击的时代,由自觉的少数人带领着不自觉的群众实现革命的时代,已经过去。凡是要把社会组织完全加以改造的地方,群众自己就一定要参加进去,自己就一定要弄明白这为的是什么,他们为争取什么而去流血牺牲③。近50年来的历史,已经教会了我们认识这一点。但是,为了使群众明白应该做什么,还必须进行长期的坚持不懈的工作,而我们现在正是在进行这种工作,并且进行得很有成效,已经使敌人陷于绝望。

在罗曼语国家里,人们也开始逐渐了解到对旧策略必须加以

---

① 在《新时代》杂志刊载的文本和1895年出版的单行本《1848年至1850年的法兰西阶级斗争》中,整个这一段被删去。——编者注

② 弗里德里希-威廉二世。——编者注

③ 在《新时代》杂志刊载的文本和1895年出版的单行本《1848年至1850年的法兰西阶级斗争》中,不是"他们为争取什么而去流血牺牲",而是"他们应该拥护什么"。——编者注

修正。德国人作出的利用选举权夺取我们所能夺得的一切阵地的榜样,到处都有人效法;无准备的攻击,到处都退到次要地位①。在法国,虽然一百多年来地基已经被一次又一次的革命掏空,那里没有一个政党不曾采取过密谋、起义和其他各种革命行动,因此政府丝毫也不能信赖军队,一般说来,环境对于突然起义要比在德国有利得多。但是甚至在法国,社会主义者也日益认识到,除非预先把人口中的主体——在这里就是农民——争取过来,否则就不可能取得持久的胜利。耐心的宣传工作和议会活动,在这里也被认为是党的当前任务。成绩很快就做出来了。社会主义者不但夺得了许多市镇委员会,而且已经有 50 个社会主义者在议院中占有议席,他们已经推翻了共和国的三个内阁和一个总统。在比利时,工人去年争得了选举权[20],并在四分之一的选区中获得了胜利。在瑞士、意大利、丹麦,甚至在保加利亚和罗马尼亚,都有社会主义者参加议会。在奥地利,所有一切政党都已经一致认定再不能继续阻挠我们进入帝国议会了。我们是一定要进去的,现在争论的问题只是从哪一个门进去。甚至在俄国,如果召开著名的国民代表会议,即小尼古拉现在徒然反对召开的那个国民议会,我们也能很有把握地预期那里也将有我们的代表参加。

不言而喻,我们的外国同志们没有放弃自己的革命权。须知革命权是唯一的**真正**“历史权利”——是所有现代国家无一例外都以它为基础建立起来的唯一权利,连梅克伦堡也包括在内,那里的贵族革命是 1755 年以《继承条约》这个至今还有效力的光荣的

---

① 在《新时代》杂志刊载的文本和 1895 年出版的单行本《1848 年至 1850 年的法兰西阶级斗争》中,“无准备的攻击,到处都退到次要地位”这句话被删去。——编者注

封建主义文书而告终的。**21**革命权已经如此普遍地深入人心,甚至冯·博古斯拉夫斯基将军也只是根据这个人民权利才为自己的皇帝引申出举行政变的权利。

但是,不管别国发生什么情况,德国社会民主党总是占有一个特殊的地位,所以它至少在最近的将来就负有一个特殊的任务。由它派去参加投票的 200 万选民,以及虽非选民却拥护他们的那些男青年和妇女,共同构成为一个最广大的、坚不可摧的人群,构成国际无产阶级大军的决定性的"突击队"。这个人群现在就已经占总票数的四分之一以上,并且时刻都在增加,帝国国会的补充选举以及各邦议会、市镇委员会和工商业仲裁法庭的选举都证明了这一点。它的增长过程是自发的,经常不断的,不可遏止的,并且是平稳的,正如自然界中发生的某种过程一样。政府对此进行的一切干预都毫无成效。我们现在就已经能指望拥有 225 万选民。如果这样继续下去,我们在本世纪末就能夺得社会中间阶层的大部分,小资产阶级和小农,发展成为国内的起决定作用的力量,其他一切势力不管愿意与否,都得向它低头。我们的主要任务就是不停地促使这种力量增长到超出现行统治制度的控制能力,不让这支日益增强的突击队在前哨战中被消灭掉,而是要把它好好地保存到决战的那一天①。只有一种手段才能把德国社会主义战斗力量的不断增长过程暂时遏止住,甚至使它在一个时期内倒退:那就是使它同军队发生大规模冲突,像 1871 年在巴黎那样流血。从长远来看,这也会被克服的。要把一个成员以百万计的党派从地面上消灭是不可能

---

① 在《新时代》杂志刊载的文本和 1895 年出版的单行本《1848 年至 1850 年的法兰西阶级斗争》中,"不让这支日益增强的突击队在前哨战中被消灭掉,而是要把它好好地保存到决战的那一天"被删去。——编者注

的,即使动用欧洲和美洲所有的弹仓枪都做不到。但是这种冲突会阻碍正常的发展进程,我们临到紧急关头也许就会没有突击队,决定性的战斗①就会推迟、拖延并且会造成更大的牺牲。

世界历史的讽刺把一切都颠倒了过来。我们是"革命者"、"颠覆者",但是我们用合法手段却比用不合法手段和用颠覆的办法获得的成就多得多。那些自称为秩序党[22]的党派,却在它们自己所造成的合法状态下走向崩溃。它们跟奥迪隆·巴罗一起绝望地高叫:La légalité nous tue——合法性害死我们[23],可是我们在这种合法性下却长得身强力壮,容光焕发,简直是一副长生不老的样子。只要**我们**不糊涂到任凭这些党派把我们骗入巷战,那么它们最后只有一条出路:自己去破坏这个致命的合法性。

目前,它们在制定新的法律来反对颠覆。又是一切都颠倒了。难道今天狂热地反颠覆的人不正是昨天的颠覆者吗?难道是**我们**引起了 1866 年内战吗?难道是**我们**把汉诺威国王、黑森选帝侯、拿骚公爵驱出了他们世袭的合法的领土,并且兼并了这些领土吗?[24]不正是这些颠覆了德意志联邦和三个奉天承运国王的人们,在那里埋怨颠覆吗?谁能容许格拉古埋怨叛乱呢?②谁能容许崇拜俾斯麦的人们咒骂颠覆呢?

他们尽可以去通过他们的反颠覆法草案[25],把这些草案弄得更残忍些,把全部刑法变成一块可以随便捏的橡皮,而他们所能得到的,只是再次证明自己无能为力罢了。他们要想认真地对付社

---

① 在《新时代》杂志刊载的文本和 1895 年出版的单行本《1848 年至 1850 年的法兰西阶级斗争》中,"我们临到紧急关头也许就会没有突击队"被删去,而"决定性的战斗"印成"解决"。——编者注
② 参看尤维纳利斯《讽刺诗集》第 2 首。——编者注

会民主党就不得不采取完全不同的办法。现在社会民主党是靠遵守法律来从事颠覆的,要反对社会民主党的颠覆,他们就只能运用秩序党式的颠覆,即非破坏法律不可的颠覆。普鲁士的官僚律斯勒先生和普鲁士的将军冯·博古斯拉夫斯基先生,已经给他们指明了也许能用来对付那些不愿被人骗入巷战的工人们的唯一手段。破坏宪法,实行独裁,恢复专制,以君主的意志为最高的法律!那就大胆干吧,先生们,这里闲谈没有用,需要的是实际行动!

但是请不要忘记,德意志帝国同一切小国家,一般说来同一切现代国家一样,是一种**契约的产物**:首先是君主之间的契约的产物,其次是君主与人民之间的契约的产物。如果有一方破坏契约,整个契约就要作废,另一方也就不再受约束。这点已经由俾斯麦在 1866 年给我们绝妙地示范过。所以,如果你们破坏帝国宪法,那么社会民主党也就可以放开手脚,能随意对付你们了。但是它届时究竟会怎样做——这点它今天未必会告诉你们。①

几乎整整 1 600 年以前,罗马帝国也有一个危险的颠覆派活动过。它破坏了宗教和国家的一切基础;它干脆不承认皇帝的意志是最高的法律,它没有祖国,是国际性的,它散布在帝国各处,从高卢到亚细亚,并且渗入帝国边界以外的地方。它曾长期进行地下秘密活动,但是它在一个相当长的时期内感觉到自己已经足够强大,应该公开活动了。这个叫做基督徒的颠覆派,在军队中也有许多信徒;整个整个的军团都信奉基督教。当这些军团被派去参加非基督教的国教会的祭典礼仪时,颠覆派士兵们就大胆地在头

---

① 在《新时代》杂志刊载的文本和 1895 年出版的单行本《1848 年至 1850 年的法兰西阶级斗争》中,这一段的最后三句话被删去。——编者注

盔上插上了特别的标志——十字架,以示抗议。连兵营里长官所惯用的惩戒手段也不能奏效。戴克里先皇帝不能再无动于衷地看着他军队中的秩序、服从和纪律败坏下去。他趁着还不太迟的时候采取了坚决措施。他颁布了一道反社会党人法,请原谅,我是想说反基督徒法。颠覆者被禁止举行集会,他们的集会场所被封闭甚至被捣毁了,基督教的标志——十字架等等——一概被禁止,正像在萨克森禁止红手帕一样。基督徒不得担任公职,甚至不能当上等兵。既然当时还没有在"讲体面"方面训练有素的法官,还没有冯·克勒尔先生的那个反颠覆法草案所需要有的那种法官,所以基督徒就干脆被禁止在法庭上寻求公道。但是连这项非常法也没有奏效。基督徒轻蔑地把它从墙上扯下来,并且据说他们甚至在尼科美底亚放火烧毁了皇帝当时所在的宫殿。于是皇帝就在公元 303 年用大规模迫害基督徒来进行报复。这是这类迫害的最后一次。而这次迫害竟起了如此巨大的作用,以致 17 年之后,军队中绝大多数都成了基督徒,而继任的全罗马帝国君主,即教士们所称的君士坦丁大帝,则宣布基督教为国教了。

弗·恩格斯

1895 年 3 月 6 日于伦敦

弗·恩格斯写于 1895 年 2 月 14 日—3 月 6 日

载于 1895 年在柏林出版的马克思《1848 年至 1850 年的法兰西阶级斗争》一书

原文是德文

选自《马克思恩格斯选集》第 3 版第 4 卷第 378—399 页

1848 年至 1850 年的
法兰西阶级斗争

除了很少几章之外,1848—1849 年的革命编年史中每一个较为重要的章节,都冠有一个标题:**革命的失败**!

在这些失败中灭亡的并不是革命,而是革命前的传统的残余,是那些尚未发展到尖锐阶级对立地步的社会关系的产物,即革命党在二月革命[2]以前没有摆脱的一些人物、幻想、观念和方案,这些都不是**二月胜利**所能使它摆脱的,只有一连串的**失败**才能使它摆脱。

总之,革命的进展不是在它获得的直接的悲喜剧式的胜利中,相反,是在产生一个联合起来的、强大的反革命势力的过程中,即在产生一个敌对势力的过程中为自己开拓道路的,只是通过和这个敌对势力的斗争,主张变革的党才走向成熟,成为一个真正革命的党。

证明这一点就是下面几篇论文的任务。

一　1848 年的六月失败[8]

　　七月革命[26]之后，自由派的银行家拉菲特陪同他的教父①奥尔良公爵向市政厅[27]胜利行进时，脱口说出了一句话："**从今以后，银行家要掌握统治权了**。"拉菲特道出了这次革命的秘密。

　　在路易-菲力浦时代掌握统治权的不是法国资产阶级，而只是这个资产阶级中的**一个集团**：银行家、交易所大王、铁路大王、煤铁矿和森林的所有者以及一部分与他们有联系的土地所有者，即所谓**金融贵族**。他们坐上王位，他们在议会中任意制定法律，他们分配从内阁到烟草专卖局的各种公职。

　　真正**工业资产阶级**是官方反对派中的一个部分，就是说，它的代表在议会中只占少数。金融贵族的专制发展得越纯粹，工业资产阶级本身越以为在 1832 年、1834 年和 1839 年各次起义[28]被血腥镇压以后，它对工人阶级的控制已经巩固，则它的反对派态度也就越坚决。鲁昂的工厂主**格朗丹**在制宪国民议会和立法国民议会中是资产阶级反动势力的最狂热的喉舌，在众议院中却是基佐的最激烈的反对者。后来曾以妄图充当法国反革命派的基佐角色而出名的**莱昂·福适**，在路易-菲力浦统治末年，为了工业的利益进

---

① "教父"的原文是"compère"，也有"同谋者"的意思。——编者注

载有《1848年至1850年的法兰西阶级斗争》的
《新莱茵报。政治经济评论》

行过反对投机事业及其走狗——政府的笔战。**巴师夏**曾以波尔多和所有法国酿酒厂主的名义煽动反对现存的统治制度。

小资产阶级的所有阶层,以及**农民阶级**,都完全被排斥于政权之外。最后,置身于官方反对派的行列或者完全处于选举权享有者的范围之外的有上述阶级的**意识形态**代表和代言人,即它们的学者、律师、医生等等,简言之,就是它们的那些所谓"**专门人才**"。

财政困难使七月王朝[29]一开始就依赖资产阶级上层,而它对资产阶级上层的依赖又不断造成日益加剧的财政困难。没有达到预算平衡,没有达到国家收支平衡,是不能使国家行政服从于国民生产利益的。然而,如果不缩减国家开支,即不损害那些恰好构成现存统治制度的全部支柱的利益,如果不重新调整捐税的分担,即不把很大一部分税负加到资产阶级上层分子肩上,又怎能达到这种平衡呢?

国家负债倒是符合资产阶级中通过议会来统治和立法的那个集团的**直接利益**的。**国家赤字**,这正是他们投机的真正对象和他们致富的主要源泉。每一年度结束都有新的赤字。每过四至五年就有新的公债。而每一次新的公债都使金融贵族获得新的机会去盘剥被人为地保持在濒于破产状态的国家,因为国家不得不按最不利的条件向银行家借款。此外,每一次新的公债都使他们获得新的机会通过交易所活动来掠夺投资于国债券的大众,而政府和议会多数派议员是了解交易所活动的秘密的。一般说来,银行家和他们在议会中和王位上的同谋者由于利用国家信用的不稳定状态和掌握国家的机密,有可能制造国债券行价的突然急剧的波动,这种波动每次都会使许多较小的资本家破产,使大投机者难以置信地暴富起来。正因为国家赤字符合掌握统治权的那个资产阶级集团的直接利益,所以路易-菲力浦统治最后几年的国家**非常**开支超过了拿破仑统治时的国家非常开支一倍以上;这笔开支每年几乎达到 4 亿法郎,而法国年输出总额平均很少达到 7.5 亿法郎。此外,这样由国家经手花出的巨款,又使各式各样骗人的供货合同、贿赂、贪污以及舞弊勾当有机可乘。在发行国债时大批地骗取国家财物,而在承包国家工程时则零星地骗取。议会与政府之间所发生的事情,在各个官厅与各个企业家之间反复重演着。

正如统治阶级在整个国家支出和国债方面进行掠夺一样,它在**铁路建筑**方面也进行掠夺。议会把主要开支转嫁于国家而保证投机的金融贵族得到黄金果。大家都记得众议院中的那些丑闻,当时偶然暴露出:多数派的全体议员,包括一部分内阁大臣在内,都曾以股东身份参与他们后来以立法者身份迫令国家出资兴办的那些铁路建筑工程。

相反,任何细小的财政改革,都因银行家施加影响而遭到失败。**邮政改革**就是一例。路特希尔德起来抗议了。难道国家能缩减它赖以支付日益增加的国债利息的财源吗?

七月王朝不过是剥削法国国民财富的股份公司,这个公司的红利是在内阁大臣、银行家、24 万选民和他们的走卒之间分配的。路易-菲力浦是这个公司的经理——坐在王位上的罗伯尔·马凯尔。这个制度经常不断地威胁和损害商业、工业、农业、航运业,即工业资产阶级的利益,而这个资产阶级在七月事变时在自己的旗帜上写下的是 gouvernement à bon marché——廉价政府。

金融贵族颁布法律,指挥国家行政,支配全部有组织的社会权力机关,而且借助于这些现实状况和报刊来操纵舆论,与此同时,在一切地方,上至宫廷,下至低级的咖啡馆,到处都是一样卖身投靠,一样无耻欺诈,一样贪图不靠生产而靠巧骗他人现有的财产来发财致富;尤其是在资产阶级社会的上层,不健康的和不道德的欲望以毫无节制的、时时都和资产阶级法律本身相抵触的形式表现出来,在这种形式下,投机得来的财富自然要寻求满足,于是享乐变成放荡,金钱、污秽和鲜血汇为一流。金融贵族,不论就其发财致富的方式还是就其享乐的性质来说,都不过是**流氓无产阶级在资产阶级社会上层的再生**罢了。

当1847年,在资产阶级社会最高贵的舞台上公开演出那些通常使流氓无产阶级进入妓院、贫民院和疯人院,走向被告席、苦役所和断头台的同样场景时,法国资产阶级中没有掌握统治权的集团高叫"**腐败!**"人民大声疾呼:"**打倒大盗!打倒杀人凶手!**"工业资产阶级看到了对自己利益的威胁,小资产阶级充满了道义的愤慨,人民的想象力被激发起来了。诸如《路特希尔德王朝》、《犹太人是现代的国王》等等的讽刺作品,充斥巴黎全城,这些作品都或多或少巧妙地揭露和诅咒了金融贵族的统治。

不为荣誉做任何事情!荣誉不能带来任何好处!无论何时何地都要和平!战争将使三分息和四分息国债券跌价!这就是交易所犹太人的法国写在自己旗帜上的字样。因此,它的对外政策就是让法国人的民族感情遭到一系列的凌辱。当奥地利吞并克拉科夫[30]而完成了对波兰的掠夺的时候,当基佐在瑞士宗得崩德[31]战争中积极地站到了神圣同盟[32]方面的时候,法国人的民族感情更加激昂起来了。瑞士自由党人在这次虚张声势的战争中的胜利增强了法国资产阶级反对派的自尊心,而巴勒莫人民的流血起义[33]则像电击一样激活了麻痹的人民群众,唤起了他们的伟大革命回忆和热情①。

最后,**两起世界性的经济事件**的发生,加速了普遍不满的爆发,使愤怒发展成了起义。

1845 年和 1846 年的马铃薯病害和歉收,使得到处民怨沸腾。1847 年的物价腾贵,在法国也像在欧洲大陆其他各国一样,引起了流血冲突。金融贵族过着糜烂生活,人民却在为起码的生计而挣扎!在比藏赛,饥荒暴动的参加者被处死刑**34**,在巴黎,大腹便便的骗子却被王室从法庭中抢救出来!

加速革命爆发的第二个重大经济事件,就是**英国的普遍的工商业危机**。1845 年秋季铁路股票投机者整批失败的事实已经预示了这次危机的来临,在 1846 年有一系列偶然情况如谷物关税即将废除等等使它延缓了一下,到 1847 年秋天危机终于爆发了。最初是伦敦经营殖民地货物贸易的大商人破产,接着便是土地银行破产和英国工业区工厂倒闭。还没有等到这次危机的全部后果在大陆上彻底表现出来,二月革命就爆发了。

这场由经济瘟疫造成的工商业的毁灭,使金融贵族的专制统治变得更加不堪忍受了。反对派的资产阶级,在法国各处发起了**支持选举改革的宴会运动**35,这种改革的目的是要使他们能在议会中取得多数,并推翻交易所内阁。在巴黎,工业危机还引起一个特别的后果:一批在当时的条件下已无法再在国外市场做生意的工厂主和大商人只得涌向国内市场。他们开设大公司,使大批小

① 恩格斯在 1895 年版上加了一个注:"奥地利在俄国和普鲁士同意下吞并克拉科夫,是在 1846 年 11 月 11 日;瑞士宗得崩德战争,是在 1847 年 11 月 4 日至 28 日;巴勒莫的起义,是在 1848 年 1 月 12 日;1 月底,那不勒斯军队对该城进行了一连九天的炮击。"——编者注

杂货商和小店主被大公司的竞争弄得倾家荡产。因此巴黎资产阶级中间这一部分人破产的很多,他们也因此而在二月事变中采取了革命行动。大家都知道,基佐和议会以露骨的挑战回答了选举改革的提议,路易-菲力浦决定要任命巴罗组阁的时候已经太迟了,事情竟闹到人民与军队发生冲突,军队因国民自卫军采取消极态度而被解除了武装,七月王朝**29**不得不让位给临时政府。

在二月街垒战中产生出来的**临时政府**,按其构成成分必然反映出分享胜利果实的各个不同的党派。它只能是**各个不同阶级间妥协的产物**,这些阶级曾共同努力推翻了七月王朝,但他们的利益是互相敌对的。临时政府中**绝大多数**是资产阶级的代表。赖德律-洛兰和弗洛孔代表共和派小资产阶级,代表共和派资产阶级的是《国民报》方面的人物**36**,代表王朝反对派**37**的是克雷米约、杜邦·德勒尔等。工人阶级只有两个代表:路易·勃朗和阿尔伯。至于临时政府中的拉马丁,他当时并不代表任何现实利益,不代表任何特定阶级;他体现了二月革命本身,体现了这次带有自己的幻想、诗意、虚构的内容和辞藻的总起义。不过,这个二月革命的代言人,按其地位和观点看来是属于**资产阶级**的。

如果说巴黎由于政治上的中央集权而统治着法国,那么工人在革命的动荡时期却统治着巴黎。临时政府诞生后采取的第一个行动,就是企图从陶醉的巴黎向清醒的法国呼吁,从而摆脱这种压倒一切的影响。拉马丁不承认街垒战士有权宣告成立共和国。他认为,只有法国人的大多数才有权这样做,必须等待他们投票表决,巴黎的无产阶级不应该因篡夺权力而玷污自己的胜利。资产阶级只允许无产阶级进行**一种**篡夺,即对于斗争权的篡夺。

直到 2 月 25 日中午时分,共和国还没有宣告成立,然而内阁

的一切职位都已被临时政府中的资产阶级分子，以及《国民报》派
的将军、银行家和律师们瓜分了。但是工人这一次已决心不再像
1830 年 7 月那样任人欺骗。他们准备重新开始斗争，以武力强迫
成立共和国。**拉斯拜尔**前往市政厅去声明这一点。他以巴黎无产
阶级的名义，**命令**临时政府宣布成立共和国；如果人民的这个命令
在两小时之内不付诸执行，他就要带领 20 万人回来。阵亡战士尸
骨未寒，街垒尚未拆除，工人也还没有解除武装，而唯一可以用来
与工人相对抗的力量不过是国民自卫军。在这种情况下，临时政
府的政略上的考虑和按法律行事的拘谨精神立即消失不见了。两
小时的期限未满，巴黎的各处墙壁上就已出现了具有历史意义的
夺目的大字：

法兰西共和国！自由，平等，博爱！

以普选权为基础的共和国一宣告成立，那些驱使资产阶级投
入二月革命的有限目的和动机就无人记起了。不是资产阶级中的
少数几个集团，而是法国社会中所有阶级，都突然被抛到政权的圈
子里来，被迫离开包厢、正厅和楼座而登上革命舞台亲身去跟着一
道表演！随着立宪君主制被推翻，国家政权不受资产阶级社会支
配的这种假象就消失了，因而由这种虚假的政权挑起的一切派生
的冲突也一并消失了！

无产阶级既然把共和国强加给临时政府，并通过临时政府强
加给全法国，它就立刻作为一个独立的党登上了前台，但是同时它
招致了整个资产阶级的法国来和它作斗争。它所获得的只是为自
身革命解放进行斗争的基地，而决不是这种解放本身。

其实，二月共和国首先应该**完善资产阶级的统治**，因为这个共
和国使**一切有产阶级**同金融贵族一起进入了政权的圈子。大多数

的大土地所有者即正统派[38]从七月王朝迫使他们所处的那种政治地位低微的状态中解脱出来。无怪乎《法兰西报》[39]同反对派的报纸一起进行过鼓动,无怪乎拉罗什雅克兰在 2 月 24 日的众议院会议上表示过赞同革命。普选权已把那些在法国人中占绝大多数的名义上的所有者即**农民**指定为法国命运的裁定人。最后,二月共和国打落了后面隐藏着资本的王冠,因而资产阶级的统治现在已经赤裸裸地显露出来。

正如在七月事变中工人争得了**资产阶级君主国**一样,在二月事变中他们争得了**资产阶级共和国**。正如七月君主国不得不宣布**自己为设有共和机构的君主国**一样,二月共和国也不得不宣布自己**为设有社会机构的共和国**。巴黎的无产阶级把这个让步也**争到手了**。

工人马尔什迫使刚成立的临时政府颁布了一项法令,其中规定临时政府保证工人能以劳动维持生存,使全体公民都有工可做等等。当临时政府几天以后忘却了自己的诺言,并且好像心目中已经没有了无产阶级的时候,有两万工人群众向市政厅进发,大声高呼:**组织劳动!成立专门的劳动部!**临时政府经过长时间的辩论之后,勉强设立了一个专门常设委员会,负责**探求**改善工人阶级状况的办法!这个委员会由巴黎各手工业行会的代表组成,由路易·勃朗和阿尔伯两人任主席。把卢森堡宫拨给它做会址。这样,工人阶级的代表就被逐出了临时政府的所在地,临时政府中的资产阶级分子就把实际的国家政权和行政管理权完全掌握在自己手中了。在财政部、商业部和公共工程部**旁边**,在银行和交易所**旁边**,修建了一个**社会主义的礼拜堂**,这个礼拜堂的两个最高祭司路易·勃朗和阿尔伯所承担的任务就是要发现乐土,宣告新福音,并让巴黎无产阶级有工作可做。与任何世俗的国家政权机关不同，他们既没有任何经费预算，也没有任何行政权。他们得用自己的头去撞碎资产阶级社会的柱石。卢森堡宫在寻找点金石，市政厅里却在铸造着通用的钱币。

可是，巴黎无产阶级的要求既然越出了资产阶级共和国的范围，那也只能在卢森堡宫的朦胧状态中得到表现。

工人与资产阶级共同进行了二月革命；现在工人企图在资产阶级**旁边**实现自己的利益，就像他们在临时政府本身安插了一位工人坐到资产阶级多数派旁边一样。**组织劳动！**但是雇佣劳动就是现存的资产阶级的组织劳动。没有雇佣劳动，就没有资本，就没有资产阶级，就没有资产阶级社会。**专门的劳动部！**但是，难道财政、商业部和公共工程部不是**资产阶级的**劳动部吗？设在这些部**旁边的无产阶级的**劳动部，只能是一个软弱无力的部，只能是一个徒有善良愿望的部，只能是一个卢森堡宫委员会。工人们相信能在资产阶级旁边谋求自身解放，同样，他们也认为能够在其他资产阶级国家旁边实现法国国内的无产阶级革命。但是，法国的生产关系是受法国的对外贸易制约的，是受法国在世界市场上的地位以及这个市场的规律制约的。如果没有一场击退英国这个世界市场暴君的欧洲革命战争，法国又怎么能打破这种生产关系呢？

一个一旦奋起反抗便集中体现社会的革命利益的阶级，会直接在自己的处境中找到自己革命活动的内容和材料：打倒敌人，采取适合斗争需要的办法，它自身行动的结果就推动它继续前进。它并不从理论上研究本身的任务。法国工人阶级不是站在这样的立足点上，它还没有能力实现自己的革命。

一般说来，工业无产阶级的发展是受工业资产阶级的发展制约的。在工业资产阶级统治下,它才能获得广大的全国规模的存在,从而能够把它的革命提高为全国规模的革命;在这种统治下,它才能创造出现代的生产资料,这种生产资料同时也正是它用以达到自身革命解放的手段。只有工业资产阶级的统治才能铲除封建社会的物质根底,并且铺平无产阶级革命唯一能借以实现的地基。法国的工业比大陆上其他地区的工业更发达,而法国的资产阶级比大陆上其他地区的资产阶级更革命。但是二月革命难道不是直接反对金融贵族的吗? 这一事实证明,工业资产阶级并没有统治法国。工业资产阶级的统治只有在现代工业已按本身需要改造了一切所有制关系的地方才有可能实现;而工业又只有在它已夺得世界市场的时候才能达到这样强大的地步,因为在本国的疆界内是不能满足其发展需要的。但是,法国的工业,甚至对于国内市场,也大都是依靠变相的禁止性关税制度才掌握得住。所以当革命发生时,法国无产阶级在巴黎拥有实际的力量和影响,足以推动它超出自己所拥有的手段去行事,而在法国其他地方,无产阶级只是集聚在一个个零散的工业中心,几乎完全消失在占压倒多数的农民和小资产阶级中间。具有发展了的现代形式、处于关键地位的反资本斗争,即工业雇佣工人反对工业资产者的斗争,在法国只是局部现象。在二月事变之后,这种斗争更不能成为革命的全国性内容,因为在当时,反对次一等的资本剥削方式的斗争,即农民反对高利贷和反对抵押制的斗争,小资产者反对大商人、银行家和工厂主的斗争,也就是反对破产的斗争,还隐蔽在反对金融贵族的普遍起义之中。所以,无怪乎巴黎无产阶级力图在资产阶级利益**旁边**实现自己的利益,而不是把自己的利益提出来当做社会本身的革命利益;无怪乎它在**三色**旗面前降下了**红旗**。[40]在革命进程把站在无产阶级与资产阶级之间的国民大众即农民和小资产者发动起来反对资产阶级制度,反对资本统治以前,在革命进程迫使他们承认无产阶级是自己的先锋队而靠拢它以前,法国的工人们是不能前进一步,不能丝毫触动资产阶级制度的。工人们只能用惨重的六月失败做代价来换得这个胜利。

由巴黎工人创造出来的卢森堡宫委员会总算还有一个功劳,这就是它从欧洲的一个讲坛上泄露了 19 世纪革命的秘密:**无产阶级的解放**。《通报》[41]在不得不正式宣传一些"荒诞呓语"时脸红了,这些"荒诞呓语"原先埋藏在社会主义者的伪经里,只是间或作为一种又可怕又可笑的遥远的奇谈传进资产阶级的耳鼓。欧洲忽然从它那资产阶级的假寐中惊醒了。于是,在把金融贵族和一般资产阶级混为一谈的那些无产者的观念里,在甚至否认有阶级存在或至多也只认为阶级不过是立宪君主制产物的那些共和主义庸人的想象里,在先前被拒于政权之外的那些资产阶级集团伪善的词句里,**资产阶级的统治**已随着共和国的成立而被排除了。这时,一切保皇党人都变成了共和党人,巴黎所有百万富翁都变成了工人。与这种在想象中消灭阶级关系相适应的词句,就是**博爱**——人人都骨肉相连、情同手足。这样和气地抛开阶级矛盾,这样温柔地调和对立的阶级利益,这样想入非非地超越阶级斗争,一句话,博爱——这就是二月革命的真正口号。只是纯粹出于**误会**才造成各阶级的分裂,于是 2 月 24 日拉马丁就把临时政府叫做"消除**各阶级间所存在的可怕误会**的政府"①。巴黎无产阶级就沉

① 阿·拉马丁《1848 年 2 月 24 日在众议院的演说》,载于 1848 年 2 月 25 日《总汇通报》第 56 号。——编者注

醉在这种宽大仁慈的博爱气氛中了。

从临时政府这方面来说,它既然被迫宣告共和国成立,那就要尽力使这个共和国能为资产阶级和外省所接受。它以废除政治犯死刑来否定法兰西第一共和国那种血腥恐怖;在报刊上可以自由发表任何观点;军队、法庭、行政,除了少数例外,仍然掌握在昔日的达官贵人手中;七月王朝的重大罪犯没有一个受到追究。《国民报》方面的资产阶级共和党人把君主国的名称和衣裳改换成旧共和国的名称和衣裳,借以取乐。对他们来说,共和国只不过是旧资产阶级社会的一件新舞衣罢了。年轻的共和国认为自己建立丰功伟绩的途径不在于去恐吓别人,而在于自己总是诚惶诚恐,依靠自己的柔顺和不对抗的生存方式来谋求生存并消除对抗。它向国内特权阶级和国外专制政权大声宣告,共和国是爱好和平的。自己活,也让别人活——这就是它的座右铭。恰好在这个时候,紧跟着二月革命,德国人、波兰人、奥地利人、匈牙利人和意大利人,各个民族的人都按照自己直接所处的情势起来反抗了。俄国和英国都感到措手不及,后者本身被运动波及,而前者则被运动吓住了。于是,共和国面前一个**民族**敌人也没有了,于是也就没有什么重大的外部纠纷可以激发起活力,加速革命过程,推动临时政府前进或将它抛弃。巴黎无产阶级把共和国看做是自己创造的,自然赞同临时政府所采取的每一个有助于巩固其在资产阶级社会中地位的措施。它心甘情愿地接受科西迪耶尔的委派,去执行警察职务,来保护巴黎的财产,就像它让路易·勃朗去调停工人与雇主关于工资的争议一样。它认为在欧洲面前保全共和国的资产阶级荣誉是它自己的荣誉问题。

共和国不论在国外或国内都没有碰到什么抵抗。这种情况就使它解除了武装。它的任务已不是要用革命手段改造世界,而只是要它自己去适应资产阶级社会的环境。临时政府的**财政措施**最能清楚地表明它是如何狂热地解决这一任务的。

公共信用和**私人信用**自然被动摇了。**公共信用**是以确信国家听凭犹太人金融家剥削为基础的。但是旧的国家已经消失了,而革命反对的首先是金融贵族。最近这次欧洲商业危机的震荡还没有终止。破产还在相继发生。

可见,在二月革命爆发以前,**私人信用**已经瘫痪,流通已经不畅,生产已经停滞。革命危机加剧了商业危机。既然私人信用是以确信在整个资产阶级生产关系范围内的资产阶级生产、资产阶级制度没有受到侵犯并且不可侵犯为基础的,那么这种已经使资产阶级生产的基础,即无产阶级在经济上受奴役的状态受到威胁的革命,以卢森堡宫的斯芬克斯①去向交易所对抗的革命,又该产生什么影响呢?无产阶级的起义,就是消灭资产阶级的信用,因为它意味着消灭资产阶级生产及其制度。公共信用和私人信用是表明革命强度的经济温度计。**这种信用降低到什么程度,革命的热度和革命的创造力就增长到什么程度**。

临时政府想要抛掉共和国的反资产阶级外貌。为此首先必须设法保证这个新国家形式的**交换价值**,保证它在交易所中的**行价**。私人信用必然要跟着共和国在交易所中的行价再度上升。

为了使人不致**怀疑**共和国不愿意或不能够履行它从君主国继承下来的义务,为了使人相信共和国具有资产阶级的道德和偿付能力,临时政府采取了既不体面而又幼稚的虚张声势的手段。法

———————

① 指卢森堡宫委员会。——编者注

定偿付期限**未到**,临时政府就向国债债权人付清了五厘、四厘五和四厘息国债券的息金。资本家一看见临时政府这样提心吊胆地急于收买他们的信任,他们那种资产阶级的骄矜自负的态度就立刻恢复了。

自然,临时政府的财政拮据,并没有因它采取这种耗费本身现金储备的矫揉造作办法而有所减轻。财政拮据已不能再掩饰下去了,于是**小资产者**、**仆役和工人**就不得不掏出钱来,为政府赠给国债债权人的这份令人喜出望外的礼物付款。

政府宣布,凡存款在 100 法郎以上的**储蓄银行存折**今后不得提取现款。储蓄银行中的存款被没收了,由政府下令变为不予兑现的国债。这就激起了原已处境困窘的**小资产者**对于共和国的愤恨。小资产者这时所持有的已经不是储蓄银行的存折而是国债券,于是他们就不得不把这种债券拿到交易所去出卖,从而直接听任交易所犹太人的宰割,而他们正是为了反对这些人才进行二月革命的。

银行是七月王朝时期掌握统治权的金融贵族的高教会[42]。正像交易所操纵着国家信用一样,银行操纵着**商业信用**。

二月革命不仅直接威胁银行的统治,而且威胁银行的生存;银行一开始就把不守信用弄成普遍现象,以图使共和国丧失信用。银行突然停止对银行家、工厂主和商人发放信贷。这种手腕既然没有立刻引起反革命,就必然反而使银行本身受到打击。资本家们把他们贮藏在银行地下室里的钱提出来。银行券持有者们都赶到银行出纳处去挤兑金银。

临时政府本来可以不用强力干涉而完全合法地迫使银行**破产**,它只要冷眼旁观,让银行听天由命就行了。**银行破产**就会像洪水泛滥一样,转瞬间把金融贵族,这个共和国的最强大最危险的敌人,七月王朝的黄金台柱,从法国土地上扫除干净。银行一旦破产,如果政府建立一个国家银行并把全国信用事业置于国家监督之下,资产阶级自身就只得把这看做是自己在绝境中的一线生机。

但是,临时政府并没有这样去做,反而规定银行券**强制流通**。不仅如此,它还把一切外省银行变成了法兰西银行的分行,使法兰西银行网络遍布法国全境。后来,临时政府又向法兰西银行签约借款,把**国有森林**抵押给它作为担保。于是二月革命就直接地巩固和扩大了它本来应该推翻的银行统治。

同时,临时政府又日益被有增无已的财政赤字压得直不起腰来。它恳求大家为爱国主义作出牺牲,但是毫无用处。只有工人才给它一点施舍。于是它只得采取英勇手段——开征**新税**。然而向谁征税呢? 向交易所的豺狼、银行大王、国债债权人、食利者和工业家征税吗? 这不是取得资产阶级对于共和国同情的办法。一方面,这样做意味着危害国家信用和商业信用,而另一方面,人们又力图用很大的牺牲和屈辱去换取这种信用。但是,总得有人从自己腰包里掏出钱来才行。谁来为资产阶级的信用事业作出牺牲呢? 是笨伯雅克①,**农民**。

临时政府对所有四种直接税每法郎加征四十五生丁附加税[43]。官方的报刊欺骗巴黎无产阶级,说这项税负主要是落在大地产上,即落在复辟王朝非法攫取的 10 亿巨款[44]占有者的身上。而实际上这项税负首先落在**农民阶级**身上,即落在法国绝大多数

---

① 笨伯雅克原文是 Jacques le bonhomme,是法国贵族对农民的蔑称。
　　——编者注

人民身上。**农民不得不负担二月革命的费用**，反革命由此就得到了他们的主要物质力量。四十五生丁税，对于法国农民是个生死问题，而法国农民又把它变成了共和国的生死问题。从这时起，法国农民心目中的**共和国**就是**四十五生丁税**，而在他们看来，巴黎无产阶级就是靠他们出钱来享乐的浪费者。

1789 年的革命是从免除农民的封建负担开始的，而 1848 年的革命为了使资本不受到损害并使其国家机器继续运转，首先就给农民加上了一项新税。

临时政府只有用一个方法才能排除这一切困难，并使国家脱离其旧日的轨道，这就是**宣告国家破产**。大家都记得，赖德律-洛兰后来曾向国民议会描述，他如何义愤填膺地驳斥了交易所犹太人、法国现任财政部长富尔德所提出的这种无理要求。其实，富尔德当时劝他接受的是知善恶树上的苹果⁴⁵。

临时政府既然承认旧资产阶级社会发行的要国家负责付款的期票，也就归附了旧资产阶级社会。它不是以一个威风凛凛的债权人身份去向资产阶级社会索取多年的革命旧账，反而成了资产阶级社会的受催逼的债务人。它只得去加固摇摇欲坠的资产阶级社会关系，来履行那些只有在这种社会关系范围内才必须履行的义务。信用已成了它维持生存的必要条件，而它对无产阶级的让步和对无产阶级的许诺，已成了它无论如何都**必须**打破的**桎梏**。工人的解放——即令只是**空话**——也已成了新共和国不堪忍受的危险，因为要求工人解放，就意味着不断反对恢复信用，而这种信用是以坚定不移地、毫不含糊地承认现存的经济的阶级关系为基础的。所以，一定要**把工人清除出去**。

二月革命已把军队逐出巴黎了。国民自卫军，即资产阶级各个阶层的势力,成了唯一的军事力量,但是它觉得自己还不能对付无产阶级。而且,国民自卫军尽管进行了极顽强的抵抗和千方百计的阻挠,也不得不逐渐地、部分地开放自己的队伍,让武装的无产者加入进来。这样一来,就只剩下了一条出路:**使一部分无产者与另一部分无产者相对立**。

为了这个目的,临时政府组织了 24 营**别动队**[46],每营 1 000 人,由 15 岁到 20 岁的青年组成。这些青年大部分属于**流氓无产阶级**,而流氓无产阶级在所有大城市里都是由与工业无产阶级截然不同的一群人构成的。这是盗贼和各式各样罪犯滋生的土壤,是专靠社会餐桌上的残羹剩饭生活的分子、无固定职业的人、游民——gens sans feu et sans aveu;他们依各人所属民族的文化水平不一而有所不同,但是他们都具有拉察罗尼[47]的特点。他们的性格在受临时政府征募的青年时期是极易受人影响的,能够做出轰轰烈烈的英雄业绩和狂热的自我牺牲,也能干出最卑鄙的强盗行径和最龌龊的卖身勾当。临时政府每天给他们 1 法郎 50 生丁,就是说,收买了他们。临时政府给他们穿上特别制服,就是说,使他们在外表上不同于穿工作服的工人。担任他们指挥官的,一部分是政府指派的常备军军官,一部分是他们自己选出的资产阶级年轻子弟,这些人满口要为祖国牺牲和为共和国效忠的高调迷住了他们。

这样,当时与巴黎无产阶级相对立的,就有一支从他们自己当中招募的年轻力壮、好勇斗狠的 24 000 人的军队。无产阶级向列队通过巴黎街头的别动队欢呼"**万岁!**"他们把别动队看成是自己在街垒战中的前卫战士。他们认为别动队是同资产阶级的国民自卫军相对立的**无产阶级**自卫军。他们的错误是情有可原的。

除了别动队之外,政府还决定在自己周围募集一支产业工人大军。马利部长把 10 万个因危机和革命而失业的工人编进了所谓国家工场**[48]**。在这个响亮的名称之下不过是以 23 苏的工资雇用工人去从事枯燥、单调和非生产性的**掘土工作**罢了。国家工场只不过是**露天的英国习艺所[49]**。临时政府以为这样就组建了**第二支反对工人本身的无产者大军**。这一次资产阶级把国家工场看错了,正如工人把别动队看错了一样。它原来是创立了一支**暴动军**。

不过有**一个目的**是达到了。

国家工场——路易·勃朗在卢森堡宫所宣传的那种人民工场就叫这个名字。马利的工场同卢森堡宫的设想完全**相反**,但因为名称相同,就往往给人提供机会,去别有用心地制造误会,就像描写仆人的西班牙喜剧所制造的那种误会一样**[50]**。临时政府自己暗地里散布谣言,说这些国家工场是路易·勃朗的发明,因为国家工场的预言者路易·勃朗是临时政府中的一员,谣言就更加显得真实了。在巴黎资产阶级半天真半故意地混淆这两种东西的过程中,在法国和欧洲当时受到操纵的舆论中,这些习艺所竟成了实现社会主义的第一步,于是,社会主义就一起被钉在耻辱柱上了。

如果不是就内容来说,而是就名称来说,**国家工场**是无产阶级反对资产阶级工业,反对资产阶级信用和反对资产阶级共和国的具体表现。因此,资产阶级把自己的全部仇恨都倾注在这些国家工场上。同时它认定这些国家工场是它一旦强大到能够跟二月革命的幻想公然决裂时就可以加以打击的对象。**小资产者**也把这些已成为共同攻击对象的国家工场当做发泄自己一切不满和烦恼的目标。他们咬牙切齿地计算着这班无产阶级懒汉耗费的钱财,而他们自己的境况却变得一天比一天艰难。装装样子的工作竟可以获得国家年金,这就叫社会主义! 他们这样嘟囔着。他们认为自己境况穷困的原因就在于国家工场,就在于卢森堡宫的浮夸之词,就在于巴黎工人的示威游行。最狂热地反对共产主义者的所谓阴谋诡计的,莫过于这些濒临破产而又毫无得救希望的小资产者了。

这样,在资产阶级与无产阶级之间行将来临的搏斗中,一切优势,一切最重要的阵地,社会的一切中间阶层,都掌握在资产阶级手中。而正是在这个时候,二月革命的浪潮又在整个大陆高涨起来了;每一次来的邮件,时而从意大利,时而从德国,时而从最遥远的欧洲东南部地区都传来新的革命消息,不断地给人民带来胜利的证据,使人民普遍地沉浸在欣喜的情绪之中,而实际上他们已经丧失了这种胜利。

三月十七日事件和**四月十六日事件**,是资产阶级共和国内部蕴蓄的伟大阶级斗争的初次交锋。

三月十七日事件表明,无产阶级处于不明朗的局势之中,难以采取任何决定性的行动。无产阶级举行示威游行的最初目的,是要让临时政府回到革命轨道上来,在必要时把资产阶级的阁员清除出去,并且迫使国民议会和国民自卫军的选举延期[51]。但是在 3 月 16 日,由国民自卫军代表的资产阶级举行了反对临时政府的示威游行。他们在"打倒赖德律-洛兰!"的呐喊声中涌向市政厅。这就使人民不得不在 3 月 17 日高呼:"赖德律-洛兰万岁! 临时政府万岁!"不得不**抗击**资产阶级,以维护他们觉得陷于危急的资产阶级共和国。他们没有使临时政府屈服于自己,反而加固了临时政府的地位。三月十七日事件以一种戏剧性的场面结束了。诚然,巴黎无产阶级在这一天再度显示了自己强大的力量,但这只是加强了临时政府内外的资产阶级击破无产阶级的决心。

四月十六日事件是临时政府串通资产阶级制造的一个**误会**。当时许多工人聚集在马尔斯广场和跑马场上,以便筹备国民自卫军总部的选举事宜。突然有一个谣言迅速传遍巴黎全城各处,说在马尔斯广场上工人们在路易·勃朗基、布朗基、卡贝和拉斯拜尔领导下武装集合,打算从那里向市政厅进发,推翻临时政府,宣布成立共产主义政府。立刻就有人发出全体紧急集合警报——后来赖德律-洛兰、马拉斯特和拉马丁三人竞相表白,说首先发出警报的殊荣归于自己——,于是一小时以后就有 10 万人荷枪待发,市政厅的所有入口都被国民自卫军占据了,"打倒共产主义者! 打倒路易·勃朗、布朗基、拉斯拜尔和卡贝!"的口号响彻巴黎全城,无数的代表团跑来向临时政府表示效忠,所有的人都准备拯救祖国和社会。最后,当工人们来到市政厅前面,正要把他们在马尔斯广场上募集的爱国捐款献给临时政府的时候,他们才惊悉,原来资产阶级的巴黎刚才在周密筹划的虚假战斗中战胜了他们的影子。4月 16 日的这场可怕的乱子,便成了**把军队召回巴黎**(这出拙劣喜剧的真正目的在于此),并在外省各处举行反动的联邦主义示威游行的借口。

5 月 4 日,由**直接普选产生**的**国民议会**①开会了。普选权并不具备旧派共和党人所寄托于它的那种魔力。旧派共和党人把全体法国人,或至少是把大多数法国人看做具有同一利益和同一观点等等的**公民**。这就是他们的那种**人民崇拜**。但是,选举所表明的并不是他们**意想中的**人民,而是**真实的**人民,即分裂成各个不同阶

---

① 从本页到第 80 页,国民议会是指 1848 年 5 月 4 日—1849 年 5 月的制宪国民议会(制宪议会)。——编者注

级的代表。我们已经看到,农民和小资产者在选举中为什么必定由好斗的资产阶级和渴望复辟的大土地所有者来统辖。然而,普选权虽不是共和主义庸人所想象的那种法力无边的魔杖,却具有另一种高超无比的功绩;它发动阶级斗争,使资产阶级社会各中间阶层迅速地产生幻想又迅速地陷入失望;它一下子就把剥削阶级所有集团提到国家高层,从而揭去他们骗人的假面具,而有选举资格限制的君主制度则只是让资产阶级中的某些集团丧失声誉,使其余的集团得以隐藏在幕后并且罩上共同反对派的神圣光环。

在 5 月 4 日开幕的制宪国民议会中,占压倒优势的是**资产阶级共和派**,《国民报》的共和派[36]。正统派[38]和奥尔良派[52]本身起初也只有戴着资产阶级共和主义假面具才敢出头露面。只有借共和国的名义,才能发动斗争反对无产阶级。

共和国,即法国人民所承认的共和国开始存在的时期,**应该是从 5 月 4 日算起,而不是从 2 月 25 日算起**;这不是巴黎无产阶级强令临时政府接受的那个共和国,不是设有社会机构的那个共和国,不是在街垒战士眼前浮现过的那个幻象。国民议会所宣告成立的、唯一合法的共和国,不是一种反对资产阶级制度的革命武器,而是在政治上对它实行的改造,是在政治上对资产阶级社会的重新加固,简言之,就是**资产阶级共和国**。这种论断是从国民议会的讲坛上发出的,并且在一切共和派的和反共和派的资产阶级报刊中得到了响应。

我们已经看到:二月共和国事实上不过是,而且也只能是一个**资产阶级**共和国,但是临时政府在无产阶级的直接压力下,不得不宣布它是一个**设有社会机构的共和国**;巴黎无产阶级还只能在**观念**中、在**想象**中越出资产阶级共和国的范围,而当需要行动的时

候,他们的活动却处处都为资产阶级共和国效劳;许给无产阶级的
那些诺言已成了新共和国所不堪忍受的威胁,临时政府的整个存
在过程可以归结为一场反对无产阶级要求的、持续不断的斗争。

整个法国在国民议会里对巴黎无产阶级进行审判。国民议会
立即与二月革命的一切社会幻想实行了决裂,公然宣布了**资产阶
级共和国**,纯粹的资产阶级共和国。它立即从自己所任命的执行
委员会[53]中排除了无产阶级的代表——路易·勃朗和阿尔伯;它
否决了设立专门劳动部的提案,并且以暴风雨般的欢呼声同意了
特雷拉部长所作的声明:"现在的问题只是**要劳动恢复原状**。"

然而还不止这些。二月共和国是工人在资产阶级消极支持下
争得的。无产者理所当然地认为自己是二月斗争中的胜利者,并
提出胜利者的高傲要求。必须在巷战中战胜这些无产者,一定要
让他们明白,一旦他们在斗争中不是**联合**资产阶级而是**反对**资产
阶级,他们就注定要失败。先前,为了建立一个对社会主义作出让
步的二月共和国,曾经需要无产阶级联合资产阶级同王权进行战
斗;现在,为了使共和国摆脱它向社会主义作出的让步,为了正式
确立**资产阶级共和国**的统治,已需要再来一场战斗了。资产阶级
一定要用手中的武器来反对无产阶级的要求。资产阶级共和国的
真正出生地并不是**二月胜利**,而是**六月失败**。

无产阶级加速了决战的到来:它在 5 月 15 日涌入了国民议
会,徒然地试图恢复自己的革命威望,结果只是使自己有能力的领
袖落到了资产阶级狱吏手中。[54] *Il faut en finir*！这种局面必须结
束！这个呼声表明了国民议会决心迫使无产阶级进行决战。执行
委员会颁布了许多挑衅性的法令,如禁止民众集会等等。从制宪
国民议会的讲坛上直接向工人发出挑衅,辱骂和嘲弄工人。但是,

我们已经看到,真正的攻击对象,还是**国家工场**。制宪议会命令执行委员会对付这些国家工场,而执行委员会本来就只等国民议会用命令方式批准它自己既定的计划。

执行委员会开始阻挠工人进入国家工场,把计日工资改成了计件工资,并把一切不是在巴黎出生的工人赶到索洛涅,说是让他们去做掘土工作。而所谓掘土工作,正如从那里失望归来的工人向同行工友们所说的那样,不过是用来掩饰驱逐工人这一行动的花言巧语罢了。最后,6 月 21 日,《通报》[41]上登载了一项法令,命令把一切未婚工人强制逐出国家工场,或者编入军队。

工人们没有选择的余地:不是饿死,就是斗争。他们在 6 月 22 日以大规模的起义作了回答——这是分裂现代社会的两个阶级之间的第一次大规模的战斗。这是保存还是消灭**资产阶级**制度的斗争。蒙在共和国头上的面纱被撕破了。

大家知道,那些没有领袖、没有统一计划、没有经费和多半没有武器的工人,是如何以无比的勇敢和机智扼制了军队、别动队、巴黎的国民自卫军以及从外省开来的国民自卫军,一直坚持了五天。大家知道,资产阶级为自己所经受的死亡恐怖进行了闻所未闻的残酷报复,残杀了 3 000 多名俘虏。

法国民主派的正式代表人物受共和主义意识形态影响太深,以致在六月战斗已经过去了几星期,才开始觉察到这次战斗的意义。他们简直被冲散他们共和国幻觉的硝烟熏得头昏眼花。

请读者允许我们用《新莱茵报》[1]中的一段话来表达六月失败的消息给我们的直接印象:

"二月革命的最后正式残余物——执行委员会——已像幻影一样在严重事变的面前消散了;拉马丁的照明弹变成了卡芬雅克

的燃烧弹。博爱,一方剥削另一方的那些互相对立的阶级之间的那种博爱;博爱,在 2 月间宣告的、用大号字母写在巴黎的正面墙上、写在每所监狱上面、写在每所营房上面的那种博爱,用真实的、不加粉饰的、平铺直叙的话来表达,就是**内战**,就是最可怕的国内战争——劳动与资本间的战争。在 6 月 25 日晚间,当资产阶级的巴黎张灯结彩,而无产阶级的巴黎在燃烧、在流血、在呻吟的时候,这个博爱便在巴黎所有窗户前面烧毁了。博爱存在的那段时间正好是资产阶级利益和无产阶级利益友爱共处的时候。

拘守 1793 年旧的革命传统的人,社会主义的空论家,他们曾为人民向资产阶级乞怜,并且被允许长时间地说教和同样长时间地丢丑,直到把无产阶级的狮子催眠入睡为止;共和党人,他们要求实行整套旧的、不过没有君主的资产阶级制度;王朝反对派[37],他们从事变中得到的不是内阁的更换,而是王朝的崩溃;正统派[38],他们不是想脱去奴仆的服装,而是仅仅想改变一下这种服装的式样。所有这些人物就是人民在实现自己的二月革命时的同盟者……

二月革命是一场**漂亮的**革命,得到普遍同情的革命,因为在这场反对王权的革命中显现出来的各种矛盾还在**尚未充分发展的状态**中和睦地安睡在一起,因为构成这些矛盾背景的社会斗争还只是一种隐约的存在,还只是口头上和字面上的存在。相反,**六月革命**则是一场**丑恶的**革命,令人讨厌的革命,因为这时行动已经代替了言辞,因为这时共和国已经摘掉了保护和掩饰过凶恶怪物的王冠,暴露出这个凶恶怪物的脑袋。**秩序**!——这是基佐的战斗呐喊。**秩序**!——基佐的信徒塞巴斯蒂亚尼曾在俄军攻下华沙时这样高喊。**秩序**!——法国国民议会和共和派资产阶级的粗野的应声虫卡芬雅克这样高喊。**秩序**！——他所发射的霰弹在炸开无产阶级的躯体时这样轰鸣。1789 年以来的许多次法国资产阶级革命，没有一次曾侵犯过**秩序**，因为所有这些革命都保持了阶级统治和对工人的奴役，保持了**资产阶级**秩序，尽管这种统治和这种奴役的政治形式时常有所改变。六月革命侵犯了这个秩序。六月革命罪该万死！"①(1848 年 6 月 29 日《新莱茵报》)

六月革命罪该万死！——欧洲各处响应道。

巴黎无产阶级在资产阶级**逼迫**下发动了六月起义。单是这一点已注定无产阶级要失败。既不是直接的、公开承认的要求驱使无产阶级想用武力推翻资产阶级，也不是无产阶级已经到了有能力解决这个任务的地步。《通报》只得正式向无产阶级挑明，共和国认为有必要对它的幻想表示尊重的时代已经过去了，并且只有它的失败才使它确信这样一条真理：它要在资产阶级共和国**范围内**稍微改善一下自己的处境只是一种**空想**，这种空想只要企图加以实现，就会成为罪行。于是，原先无产阶级想要强迫二月共和国予以满足的那些要求，那些形式上浮夸而实质上琐碎的、甚至还带有资产阶级性质的要求，就由一个大胆的革命战斗口号取而代之，这个口号就是：**推翻资产阶级！工人阶级专政！**

无产阶级既然将自己的葬身地变成了**资产阶级共和国**的诞生地，也就迫使资产阶级共和国现了原形：原来这个国家公开承认的目的就是使资本的统治和对劳动的奴役永世长存。已经摆脱了一切桎梏的资产阶级统治，由于眼前总是站立着一个遍体鳞

---

① 参看马克思《六月革命》，《马克思恩格斯全集》中文第 1 版第 5 卷第 153—155 页。——编者注

伤、决不妥协与不可战胜的敌人——其所以不可战胜,是因为它的存在就是资产阶级自身生存的条件——就必定要立刻变成**资产阶级恐怖**。在无产阶级暂时被挤出舞台而资产阶级专政已被正式承认之后,资产阶级社会的中间阶层,即小资产阶级和农民阶级,就必定要随着他们境况的恶化以及他们与资产阶级对抗的尖锐化而越来越紧密地靠拢无产阶级。正如他们从前曾认为他们的灾难是由于无产阶级的崛起一样,现在则认为是由于无产阶级的失败。

如果说六月起义在大陆各处都加强了资产阶级的自信心,并且促使它公开与封建王权结成联盟来反对人民,那么究竟谁是这个联盟的第一个牺牲品呢? 是大陆的资产阶级自身。六月失败阻碍了它巩固自己的统治,阻碍了它使人民在半满意和半失望中停留于资产阶级革命的最低阶段上。

最后,六月失败使欧洲各个专制国家识破了一个秘密,即法国为了能在国内进行内战,无论如何都必须对外保持和平。这就把已经开始争取民族独立的各国人民置于俄国、奥地利和普鲁士的强权之下,而同时这些国家的民族革命的成败也就要依无产阶级革命的成败而定,它们那种表面上不依社会大变革为转移的独立自主性就消失了。只要工人还是奴隶,匈牙利人、波兰人或意大利人都不会获得自由!

最后,神圣同盟[32]的胜利使欧洲的局面发生了变化,只要法国发生任何一次新的无产阶级起义,都必然会引起**世界战争**。新的法国革命将被迫立刻越出本国范围去**夺取欧洲的地区**,因为只有在这里才能够实现 19 世纪的社会革命。

总之,只有六月失败才造成了所有那些使法国能够发挥欧洲革命**首倡作用**的条件。只有浸过了六月起义者的**鲜血**之后,三色旗才变成了欧洲革命的旗帜——**红旗!**[40]

　　因此我们高呼:**革命死了! ——革命万岁!**

二　1849 年 6 月 13 日

1848 年 2 月 25 日法国被迫实行**共和制**,6 月 25 日**革命**被强加给法国。在 6 月以后,革命意味着**推翻资产阶级社会**,而在 2 月以前,它却意味着**推翻一种国家形式**。

六月斗争是资产阶级**共和派**领导的,斗争胜利了,政权当然归他们。戒严使手足被缚的巴黎毫无抵抗地倒在他们脚下,而在外省,则到处笼罩着精神上的戒严气氛,获胜的资产者盛气凌人、飞扬跋扈,农民则肆无忌惮地表现出对财产的狂热情绪。因此,**在下层已经没有任何威胁了**!

在工人的革命力量被消灭的同时,**民主主义共和派**即具有**小资产阶级**思想的共和派的政治影响也被消灭了,他们的代表者在执行委员会[53]中是赖德律-洛兰,在制宪国民议会中是山岳党[55],在新闻出版界是《改革报》[56]。他们同资产阶级共和派一起在 4 月 16 日搞过反对无产阶级的阴谋,同这些人一起在六月事变时攻打过无产阶级。这样,他们就自己破坏了他们那一派赖以成为一股力量的背景,因为小资产阶级只有以无产阶级为后盾,才能保持住自己反对资产阶级的革命阵地。他们被踢开了。资产阶级共和派公然破坏了自己在临时政府和执行委员会时期勉强地而且是满腹鬼胎地跟他们结成的虚假同盟。民主主义共和派作为同盟者已被轻蔑地抛弃,堕落成了三色旗派**36**的仆从,他们不可能迫使三色旗派作出任何让步,但是每当三色旗派的统治以及整个共和国看来受到反对共和的资产阶级集团的威胁时,他们就必定要维护这个统治。最后,这些集团,即奥尔良派和正统派,一开始就在制宪国民议会中占少数。在六月事变以前,他们自己只有戴上资产阶级共和主义假面具才敢出头露面;六月胜利使整个资产阶级法国一度把卡芬雅克当成自己的救星来欢迎,而当反共和派在六月事变后不久重新取得独立地位时,军事专政和巴黎戒严只容许这一派非常畏缩谨慎地伸出自己的触角。

自 1830 年起,**资产阶级共和派**以他们的著作家、他们的代言人、他们的专门人才、他们的野心家、他们的议员、将军、银行家和律师为代表,聚集在巴黎的一家报纸即《国民报》**36**的周围。在外省,《国民报》设有自己的分社。《国民报》派是**三色旗共和国的王朝**。他们立刻就占据了一切官职——内阁各部、警察总局和邮政总局的职位,以及地方行政长官的职位和军队高级军官的空缺。他们的将军**卡芬雅克**执掌着行政权,他们的总编辑马拉斯特成了制宪国民议会常任议长。同时,他又以司礼官的身份在自己的沙龙中接待正直的共和国的宾客。

甚至那些革命的法国著作家,也由于对共和主义传统怀着某种敬畏而抱着错误见解,以为在制宪国民议会中是保皇党人占统治地位。恰恰相反,在六月事变之后,制宪议会仍然**完全是资产阶级共和主义的代表者**,而且,三色旗共和派在议会外的影响越是丧失殆尽,制宪议会就越是坚决地摆出这副面孔。在需要捍卫资产阶级共和国的**形式**时,制宪议会就拥有民主主义共和派的支持票;在需要捍卫这个共和国的**内容**时,制宪议会甚至连讲话的方式也与资产阶级保皇派如出一辙了,因为构成资产阶级共和国内容的正是资产阶级的利益,正是它的阶级统治和阶级剥削的物质条件。

由此可见,这个制宪议会的生命和活动不是体现了保皇主义,而是体现了资产阶级的共和主义,它归根到底不是死去了,也不是被杀害了,而是腐烂了。

在制宪议会统治的全部期间,当它在前台表演大型政治历史剧[57]的时候,在后台却进行着一刻不停的牺牲祭——军事法庭不断地对被捕的六月起义者判罪,或是不经审判就放逐。制宪议会老练地承认,它不是把六月起义者当做罪犯来审判,而是当做敌人来消灭。

制宪国民议会的第一步行动就是成立了**调查委员会**,来调查六月事件[8]和五月十五日事件[54],并调查社会主义各派和民主主义各派的领袖们参加这些事件的情况。调查的直接对象就是路易·勃朗、赖德律-洛兰和科西迪耶尔。资产阶级共和派急于要除掉这些敌手。他们再也找不到比**奥迪隆·巴罗**先生更为适当的人选来替他们复仇了。这个人是王朝反对派过去的首领,自由主义的化身,妄自尊大的小人,浅薄无能的庸才,他不仅要为王朝复仇,而且要同那些使他丢掉内阁首相职位的革命家算账。这保证他决不会手软。于是这个巴罗被任命为调查委员会主席,而他也就制造出了一桩控诉二月革命的完整的案件,这个案件可以概括如下:3 月 17 日——**游行示威**,4 月 16 日——**阴谋**,5 月 15 日——**谋杀**,6 月 23 日——**内战**! 他为什么没有把他的深奥的刑事调查工作延伸到二月二十四日事件呢?《辩论日报》[58]对此作了回答①:二月二

---

① 指 1848 年 8 月 28 日《辩论日报》社论。——编者注

十四日事件就是**创建罗马**。国家的起源湮没在神话之中,而对神话是只许相信,不许讨论的。路易·勃朗和科西迪耶尔被交付法庭审判了,国民议会已经完成了它在 5 月 15 日开始进行的清洗自身的工作。

由临时政府拟定而由古德肖重新提出的对资本课税的方案(通过抵押税的形式)被制宪议会否决;限制工作日为十小时的法律被废除;负债者监禁制度重新施行;占法国人口大部分的没有读写能力的人被取消了参加陪审的资格。为什么不干脆连他们的选举权也剥夺掉呢? 报刊交纳保证金的制度重新施行,结社权受到了限制。

但是,资产阶级共和派在急忙给旧日的资产阶级关系恢复旧日的保障,并消除革命浪潮所遗留下来的一切痕迹时,却遇到了一种使他们遭受意外危险的反抗。

在六月事变中,最狂热地为拯救财产和恢复信用而奋斗的,莫过于巴黎的小资产者——开咖啡店的、开餐馆的、开酒店的、小商人、小店主、小手工作坊主等等。小店主们奋起向街垒进攻,以求恢复从街头到小店去的通路。但是,街垒后面站着小店主们的顾客和债务人,街垒前面站着他们的债权人。而当街垒被摧毁,工人被击溃,小店主们在胜利的陶醉中奔回自己店里的时候,发觉店门已被财产的救主即信用的正式代理人堵住了,这位代理人拿着威胁性的通知单迎接他们:票据过期了! 房租过期了! 债票过期了! 小店铺垮了! 小店主垮了!

拯救财产! 但是,他们所居住的房屋不是他们的财产;他们做生意的店铺不是他们的财产;他们所出卖的商品不是他们的财产。无论是他们的店铺,或是他们吃饭用的盘子,或是他们睡觉用的床铺，都已不再归他们所有了。正是为了对付他们，人们才需要**去拯救这种财产**，这样做为的是那些将房屋租给他们住的房东，为的是那些为他们贴现票据的银行家，为的是那些贷给他们现金的资本家，为的是那些把商品信托给小店主们出卖的工厂主，为的是那些把原料赊卖给小手工作坊主的批发商。**恢复信用！**但是，重新变得稳定的信用已表明自己是一个充满活力而又十分干练的神，它把无力支付的债务人连同其妻子儿女一起逐出了住所，把他的虚幻的财产交给了资本，而把他本人抛进了在六月起义者尸体上重又威风凛凛地耸立起来的债务监狱。

小资产者惊愕地认识到，他们击溃了工人，就使自己毫无抵抗地陷入了债权人的掌握之中。他们从 2 月起就像慢性病一样拖延下来的、似乎没有人去注意的破产，在 6 月以后被正式宣告了。

小资产者的**名义上的财产**，只有在需要驱使他们去**以财产的名义**进行斗争的时候，才不受侵犯。现在，既然已经和无产阶级算清大账，也就可以和小店主来算小账了。在巴黎，过期的票据总值在 2 100 万法郎以上，外省则在 1 100 万法郎以上。巴黎有 7 000多家商店老板，自 2 月以来就没有交过房租。

如果说国民议会决定要调查自 2 月以来的**政治罪责**，那么小资产者则要求调查 2 月 24 日以前的**公民债务**。大群的小资产者聚集在交易所的大厅里，威胁地提出要求：任何商人，凡是能证明自己只是由于革命引起的不景气才遭到破产，而到 2 月 24 日以前生意仍然不错，就应该由商业法庭准许延长偿付债务的期限，并强制债权人在取得适当利息的条件下撤诉。这个问题曾以"**友好协议**"法案形式在国民议会中讨论。国民议会正在踌躇不决的时候，突然听说有起义者的妻子儿女数千人在圣但尼门前准备请愿要求大赦。

小资产者面对着复活的六月幽灵战栗了起来，而国民议会又板起了面孔。债权人和债务人的concordats à l'amiable——友好协议——中最重要的条款遭到了否决。

可见，在国民议会中，资产阶级的共和派代表早已把小资产者的民主派代表压了下去，这种议会范围内的分裂使资产阶级获得了现实的经济利益，因为小资产者作为债务人被交给资产者这个债权人去摆布了。这些债务人当中有一大部分已经完全破产，其余的人则只许在完全成为资本奴隶的条件下继续经营自己的业务。1848年8月22日，国民议会否决了友好协议，而1848年9月19日，即在戒严期间，路易·波拿巴亲王和囚禁在万塞讷监狱的共产主义者拉斯拜尔当选为巴黎的代表。资产阶级则选举了犹太汇兑业者和奥尔良党人富尔德。这样，各方面都同时向制宪国民议会，向资产阶级共和主义和卡芬雅克公开宣战了。

不言而喻，巴黎小资产者大批破产造成的后果势必远远超出直接受害者的范围而持续发生作用，因而势必再次破坏资产阶级的交易，同时因六月起义造成的耗费加大了国家的赤字，而国家财政收入则因生产停滞、消费紧缩和输入减少而持续下降。卡芬雅克和国民议会别无他法，只好靠发行新公债寻找出路，而新公债又使他们更加受到金融贵族的束缚。

小资产者得到的六月胜利果实是破产和依法清账，而卡芬雅克的鹰犬即**别动队**[46]得到的酬劳则是娼妇们温情的拥抱，社会的这些"年轻的救主们"在马拉斯特——同时扮演正直的共和国东道主和行吟诗人角色的三色旗骑士——的沙龙里备受欢迎。但是，别动队这样受到社会优待，领取过高的薪俸，却使**军队**感到恼怒;同时,资产阶级共和主义在路易-菲力浦统治时期通过自己的报纸《国民报》用以争取一部分军队和农民阶级的一切民族幻想,却已经消失了。卡芬雅克和国民议会在**北意大利**充当调停者,以便伙同英国把它出卖给奥地利,仅仅这么一天的政绩就把《国民报》派 18 年来扮演反对派所得的成果化为乌有。再也没有哪一个政府比《国民报》派政府更缺乏民族气质了;再也没有哪一个政府像它这样依赖英国,而《国民报》派在路易-菲力浦统治时期原是每天都靠搬用卡托的"迦太基必须被消灭"①这句话过日子的;再也没有哪一个政府像它这样屈从于神圣同盟[32],而《国民报》派原是要求基佐那样一个人撕毁维也纳条约[59]的。历史的讽刺竟使《国民报》的前外事编辑巴斯蒂德当上了法国外交部长,让他以自己的每一件公文来驳斥自己的每一篇论文。

军队和农民阶级曾一度相信,有了军事专政,同时就会把对外战争和"荣誉"提到法国的日程上来。可是,卡芬雅克不是对资产阶级社会实行军刀专政,而是靠军刀实行资产阶级专政。这个专政现在需要的士兵只是宪兵。卡芬雅克在恪守古希腊罗马共和主义的忍让精神的严肃面具下隐藏着这样一个真相:他鄙俗地服从于为了资产阶级的官位而必须接受的屈辱条件。L'argent n'a pas de maître! 金钱无主人! 卡芬雅克也像制宪议会那样把第三等级的这句老格言理想化了,把它译成了如下的政治语言:资产阶级无国王,资产阶级统治的真正形式是共和国。

制宪国民议会的"伟大的根本性工作"就是造出这个**形式**,拟定共和**宪法**。正如把基督教历改名为共和历[60],把圣巴托洛缪节

----

① 卡托在元老院中结束演讲时所惯用的一句话。——编者注

改名为圣罗伯斯比尔节不会使天气有什么改变一样,这部宪法没有并且也不能使资产阶级社会有什么改变。凡是宪法超出了**改换服装**的范围的地方,它就把**已经存在的**事实记录下来。于是,它隆重地登记了共和国的事实,普选权的事实,由单一全权国民议会代替两个权力有限的立宪议院的事实。于是,它把固定不变的、无责任的、世袭的王权改成了可变更的、有责任的、由选举产生的王权,即改成了任期四年的总统制,从而登记了并且法定了卡芬雅克专政的事实。同样,它把国民议会在受过 5 月 15 日[54]和 6 月 25 日[8]的惊吓后为保证自身安全而预先赋予议长的非常权力,提高成了根本法。宪法里其余的东西都是在术语上做文章。从旧君主国的机器上撕掉保皇主义的标签而贴上了共和主义的标签。原任《国民报》总编辑、现任宪法总编辑的马拉斯特,不无才华地完成了这项学院式的任务。

制宪议会好像那个智利官吏,当地下的轰鸣已经预告火山即将喷发而必定会把他脚下的土地冲走的时候,他还准备通过土地丈量来更精确地划定地产的边界。当制宪议会在理论上雕琢资产阶级统治的共和主义形式的时候,它在实际上却是专靠否定一切常规、使用赤裸裸的暴力、宣布**戒严**来维持的。它在开始制定宪法的前两天,宣布延长戒严期。从前,通常是在社会变革的过程达到一个停顿点,新形成的阶级关系已经固定,统治阶级内部斗争的各派彼此已经求得一种妥协,使它们相互间可以继续进行斗争而同时把疲惫的人民群众排除于斗争之外的时候,才制定和通过宪法。与此相反,这次的宪法却不是批准了什么社会革命,而是批准了旧社会对于革命的暂时胜利。

在六月事变以前制定的最初宪法草案中,还提到了 "*droit au*

travail", 即劳动权这个初次概括无产阶级各种革命要求的笨拙公式。现在劳动权换成了 droit à l'assistance, 即享受社会救济权, 而哪一个现代国家不是这样或那样地养活着自己的穷人呢？劳动权在资产阶级的意义上是一种胡说, 是一种可怜的善良愿望, 其实劳动权就是支配资本的权力, 支配资本的权力就是占有生产资料, 使生产资料受联合起来的工人阶级支配, 也就是消灭雇佣劳动、资本及其相互间的关系。"劳动权"是以六月起义为后盾的。制宪议会既然已在事实上把革命无产阶级置于 hors la loi——法律之外, 也就势必要在原则上把它的公式从宪法——法律的准绳——中删去, 把"劳动权"斥为异端。但制宪议会并不到此为止。正如柏拉图把诗人逐出了自己的共和国一样, 制宪议会把累进税永远逐出了自己的共和国。其实累进税不仅是在现存生产关系范围内或多或少可行的一种资产阶级的措施, 并且是唯一能使资产阶级社会各中间阶层依附"正直的"共和国, 减少国家债务并抵制资产阶级中反共和主义多数派的手段。

在友好协议问题上, 三色旗共和派[36]实际上是为大资产阶级的利益而牺牲了小资产阶级。他们用立法方式禁止征收累进税, 就把这件个别事实提高成为一个原则。他们把资产阶级改良跟无产阶级革命同等看待。那么, 还有哪个阶级留下来做他们共和国的支柱呢？大资产阶级。而大资产阶级中的多数是反对共和的。如果说他们利用了《国民报》的共和派来重新巩固经济生活中的旧关系, 那么, 在另一方面, 他们则打算利用重新巩固起来的旧社会关系来恢复那些与它相适应的政治形式。早在10月初, 卡芬雅克就已经不得不任命路易-菲力浦时期的大臣杜弗尔和维维安做共和国的部长, 而不顾他自己党内愚蠢的清教徒[61]们拼命叫喊表示反对。

三色旗宪法拒绝对小资产阶级作任何妥协，也没有能吸引任何新的社会成分来归附新的国家形式，却又匆忙恢复了最顽强、最狂热地拥护旧国家的那个集团历来享受的不可侵犯的权利。它把临时政府企图否定的**法官终身制**提高成为根本法。于是，它所罢黜的**一个**国王，就在这种裁定合法性的终身任职的宗教裁判官身上大量地复活了。

法国报刊多方面揭示了马拉斯特先生的宪法中所包含的矛盾，如一国二主——国民议会和总统——同时并存等等，等等。

但是，这部宪法的主要矛盾在于：它通过普选权赋予政治权力的那些阶级，即无产阶级、农民阶级和小资产者，正是它要永远保持其社会奴役地位的阶级。而它认可其旧有社会权力的那个阶级，即资产阶级，却被它剥夺了这种权力的政治保证。资产阶级的政治统治被宪法硬塞进民主主义的框子里，而这个框子时时刻刻都在帮助敌对阶级取得胜利，并危及资产阶级社会的基础本身。宪法要求一方不要从政治的解放前进到社会的解放，要求另一方不要从社会的复辟后退到政治的复辟。

资产阶级共和派不大理会这些矛盾。既然他们已经不再是**必不可少的人物**——他们只有在充当旧社会反对革命无产阶级的急先锋时才是必不可少的人物，他们在胜利后几个星期就从一个**政党**降为一个**派别**了。宪法在他们眼中是一个大**阴谋**。他们认为宪法首先应该确定他们那个派别的统治，总统应该由卡芬雅克继续充任，立法议会应该是制宪议会的延续。他们希望能把人民群众的政治权力降低为一种有名无实的权力，同时又能充分玩弄这种权力，借以威胁资产阶级中的多数，让他们时时面对六月事变时期的那种两难选择:或者是《**国民报**》**派的天下**,或者是**无政府状态的天下**。

9 月 4 日开始的制宪工作在 10 月 23 日结束了。9 月 2 日制宪议会就已经决定,在颁布补充宪法的基本法律以前不宣布解散。然而它却决定在 12 月 10 日,即在它自己的活动终结以前很久,就要使它特有的产儿即总统出世。它确信宪法造就的人物一定不愧为其母亲的儿子。为了慎重起见,当时决定如果候选人中没有一人获得 200 万选票,则总统就不再由国民选举,而由制宪议会选举。

真是枉费心机! 宪法实施的第一天就是制宪议会统治的最后一天。在投票箱的底层放着的原来是制宪议会的死刑判决书。它寻找"母亲的儿子",但找到的是"伯父的侄子"。扫罗-卡芬雅克获得 100 万选票,而大卫-拿破仑却获得了 600 万选票,是扫罗-卡芬雅克的六倍。**62**

1848 年 12 月 10 日是**农民起义**的日子。只是从这一天起,才开始了法国农民的二月。这种表示他们投入革命运动的象征既笨拙又狡猾、既奸诈又天真、既愚蠢又精明,是经过权衡的迷信,是打动人心的滑稽剧,是荒诞绝顶的时代错乱,是世界历史的嘲弄,是文明人的头脑难以理解的象形文字——这一象征显然带有代表着文明内部的野蛮的那个阶级的印记。共和国通过**收税人**向这个阶级表明自己的存在,而这个阶级则通过**皇帝**向共和国表明自己的存在。拿破仑是最充分地代表了 1789 年新形成的农民阶级的利益和幻想的唯一人物。农民阶级把他的名字写在共和国的门面上,就是对外宣布战争,对内宣布谋取自己的阶级利益。拿破仑在农民眼中不是一个人物,而是一个纲领。他们举着旗帜,奏着乐曲

走向投票站,高呼:"Plus d'impôts, à bas les riches, à bas la répub-
lique, vive l'Empereur!"——"取消捐税,打倒富人,打倒共和国,皇
帝万岁!"隐藏在皇帝背后的是农民战争。由他们投票推翻的共
和国是**富人共和国**。

12 月 10 日的事变是农民推翻现政府的政变。自从他们取消
法国的一个政府而给了它另一个政府的那一天起,他们就目不转
睛地盯着巴黎。他们在一瞬间扮演了革命剧中的活跃的主角,别
人就再也无法强迫他们重新回到合唱队的无所作为的、唯命是从
的角色中去了。

其余各阶级帮助完成了农民的选举胜利。对**无产阶级**来说,
选举拿破仑就意味着撤换卡芬雅克和推翻制宪议会,意味着取消
资产阶级共和主义,意味着宣布六月胜利无效。对**小资产阶级**来
说,拿破仑意味着债务人对债权人的统治。对于**大资产阶级**中的
多数来说,选举拿破仑意味着跟他们曾不得不暂时利用来对付革
命的那个集团公开决裂,一旦这个集团想把暂时性的地位作为宪
法认可的地位固定下来,他们就感到不能容忍了。拿破仑代替卡
芬雅克,这对大资产阶级中的多数来说是君主国代替共和国,是王
朝复辟的开端,是向奥尔良派羞答答地示意,是隐藏在紫罗兰当中
的百合花[63]。最后,**军队**投票选举拿破仑,就是投票反对别动队,
反对和平牧歌而拥护战争。

这样,正如《新莱茵报》所说的,法国一个最平庸的人获得了
最多方面的意义[64]。正因为他无足轻重,所以他能表明一切,只是
不表明他自己。虽然拿破仑的名字在各个不同阶级的口中可以有
不同的意义,但是各个阶级都在自己的选票上把以下口号同这个
名字写在一起:"打倒《国民报》派,打倒卡芬雅克,打倒制宪议会,

打倒资产阶级共和国!"杜弗尔部长曾在制宪议会中公开声明了这一点:"12月10日乃是第二个2月24日。"

小资产阶级和无产阶级一致投票**拥护**拿破仑,是为了**反对**卡芬雅克,并且用集中选票的办法剥夺制宪议会的最后决定权。可是,这两个阶级的最先进部分却提出了自己的候选人。拿破仑是联合起来反对资产阶级共和国的一切派别的**集合名词**,赖德律-**洛兰**和**拉斯拜尔**则是**专有名词**,前者是民主派小资产阶级的专有名词,后者是革命无产阶级的专有名词。无产者及其社会主义代言人大声宣称投拉斯拜尔的票,完全是一种示威;这既是表示反对任何总统制,即反对宪法本身的一种抗议,同时又是对赖德律-洛兰投的反对票;这是无产阶级作为一个独立政党脱离了民主派的第一次行动。相反,后一派,即民主派小资产阶级及其在议会中的代表——山岳党在提名赖德律-洛兰为候选人时倒是一本正经的,这是它在愚弄自己时的一种庄严的习惯。而且,这也是它想作为与无产阶级对峙的独立派别出现的最后一次尝试。不仅共和派资产阶级的派别,而且还有民主派小资产阶级及其山岳党,都在12月10日被击败了。

法国现在除了有一个**山岳党**[55]之外,还有一个**拿破仑**——这就证明两者都不过是他们名义上所代表的那些伟大现实的毫无生气的讽刺画罢了。正如使用1793年词句摆出蛊惑家姿态的山岳党,是对于旧山岳党的 种拙劣的模仿一样,戴着皇冠打着鹰旗的路易-拿破仑,也是对于老拿破仑的一种拙劣的模仿。于是,历来对1793年的迷信和历来对拿破仑的迷信同时都告结束。革命只有在它取得了自己**专有的、独特的**名称时,才显出了自己本来的面目,而这一点只有在现代的革命阶级即工业无产阶级作为主角出现在革命前台时,才成为可能。可以说,12 月 10 日之所以使山岳党觉得出乎意料和感到惊惶失措,至少是因为在这一天,农民以不体面的逗趣兴高采烈地打破了对旧革命的经典式模拟。

12 月 20 日,卡芬雅克卸职,制宪议会宣布路易-拿破仑为共和国总统。12 月 19 日,即在自己专制统治的最后一日,制宪议会否决了关于大赦六月起义者的提案。它如果撤销自己不经法庭审讯而判处 15 000 个起义者流放的 6 月 27 日的法令,岂不就是否定六月屠杀本身吗?

路易-菲力浦的最后一个大臣奥迪隆·巴罗,成了路易-拿破仑的第一任总理。正如路易-拿破仑认为自己的统治不是始于 12 月 10 日,而是始于 1804 年的元老院法令一样,他给自己找到的内阁总理,也认为自己的内阁不是始于 12 月 20 日,而是始于 2 月 24 日的敕令。作为路易-菲力浦的合法继承人,路易-拿破仑保留旧内阁以缓和政府的更迭,况且这个旧内阁因为还来不及出世,所以也就没来得及被用坏。

他的这个选择是资产阶级保皇集团的领袖们提示给他的。这位昔日王朝反对派[37]的首领曾无意识地充当过转向《国民报》派共和党人[36]的过渡阶梯,现在他完全有意识地来充当从资产阶级共和国转向君主国的过渡阶梯,当然是再合适不过了。

奥迪隆·巴罗是那个总是徒然争夺内阁位置而还没有精疲力竭的唯一的旧反对党的领袖。革命迅速地把所有的旧反对党相继推上国家高峰,使它们不只在行动上,而且在言论上都不得不放弃、否认自己旧日的言论,并且最终成为一堆令人作呕的大杂烩,被人民全部丢到历史的垃圾堆里去。巴罗,这个资产阶级自由主义的化身,18 年来一贯以外表的持重来掩盖自己内心的卑劣和空

虚,简直是极尽变节之能事。虽然他自己有时也因现今的荆棘与
过去的月桂之间过分尖锐的对照而感到惊恐,但他只要往镜中一
瞥,就又重新恢复了他那种阁员的镇定和人的自负。在他面前的
镜子里照出的是基佐,就是那个一向令他羡慕并经常把他当做小
学生看待的基佐;镜子里的形象简直就是基佐本人,然而这个基佐
长着奥迪隆的前额,即奥林波斯山上的神的前额。他只是没有发
觉迈达斯的耳朵。

2 月 24 日的巴罗,只是通过 12 月 20 日的巴罗才显露出来。
正统主义者兼耶稣会[65]会士的法卢又作为文化部部长跟他这个奥
尔良党人兼伏尔泰主义者[66]沆瀣一气了。

几天之后,内务部就交给了马尔萨斯主义者[67]莱昂·福适。
法、宗教、政治经济学! 在巴罗的内阁里,这一切都齐全了,此外它
还把正统主义者与奥尔良党人结合在一起。所缺少的只是一个波
拿巴主义者。波拿巴还隐藏着自己想要充当拿破仑的意图,因为
苏路克还没有扮演杜山-路维杜尔。

《国民报》派立刻被革除了它所占据的一切高级官职。警察
总局、邮政总局、总检察署、巴黎市政厅——这一切都落到了旧日
君主制走卒的手中。正统派尚加尔涅一人兼掌了塞纳省国民自卫
军、别动队以及正规军第一师的指挥大权;奥尔良党人毕若被任命
为阿尔卑斯军团司令。这种官员的任免,在巴罗内阁时期总是连
续不断地发生。巴罗内阁的第一件事情,便是恢复旧日保皇派的
行政机构。顷刻间,官方的舞台——布景、服装、台词、演员、配
角、哑角、提词员、各种角色的位置、戏剧题材、冲突内容和整个格
局——全都变样了。只有老掉牙的制宪议会,仍然留在原地没有
动。但是自从国民议会任命波拿巴,波拿巴任命巴罗,巴罗任命尚

加尔涅之后,法国就从共和国建立时期进入共和国建成时期了。
而在一个已经建成的共和国里,制宪议会又有什么用呢?大地已
经创造出来,它的造物主除了逃到天上去,就没有其他事情可做
了。制宪议会决心不去效法造物主,国民议会是资产阶级共和派
的最后一个避难所。它即使已经被夺去了行政权的一切杠杆,它
手中不是还握有立宪大权吗?它的第一个念头,就是无论如何都
要保住自己的主权岗位,并从这里出发去夺回失去的阵地。只要
《国民报》派内阁取代了巴罗内阁,保皇派的人物就得立即退出一
切官厅,而三色旗的人物就可以得胜回朝了。国民议会决定推翻
内阁,而内阁自己就给制宪议会提供了一个它怎么也想不出来的
再合适不过的攻击机会。

我们记得,在农民的眼中,路易·波拿巴意味着取消捐税!可
是,他在总统宝座上刚坐了六天,到第七天,即 12 月 27 日,他的内
阁就提议**继续保留**临时政府已下令取消的**盐税**。盐税和葡萄酒税
一起享有充当法国旧财政制度替罪羊的特权,在农民的眼中更是
如此。对于农民所选中的这个人,巴罗内阁再不能教他一句比
"**恢复盐税!**"更为尖刻辛辣的话来嘲弄他的选民了。随着盐税的
恢复,波拿巴就失去了自己身上的那点革命的盐,变得淡而无味
了——农民起义所拥戴的拿破仑就像一个模糊的幻影一样消散,
剩下的只是一个体现着保皇派资产阶级阴谋的非常陌生的人物。
而巴罗内阁把这种不明智的令人失望的蛮横步骤作为总统施政的
第一步,却是不无用意的。

制宪议会方面迫不及待地抓住了这个一箭双雕的机会——既
能够推翻内阁,又能够扮成农民利益的保护者去攻击农民所选中
的那个人。它否决了财政部长的提案,把盐税减少为原来数额的

三分之一，从而使56 000万的国家赤字又增加了6 000万。它在通过了这个**不信任案**之后，就静待内阁辞职。它对自己周围的新世界以及它自己已经改变的地位，实在是太不理解了。内阁背后有总统，而总统背后又有600万选民，每一个选民都往票箱中投进了对制宪议会的不信任票。制宪议会把国民的不信任票又退还给国民。真是一种可笑的交换！制宪议会竟忘记了它的不信任票已经失去强制性的行价。它否决盐税只是加强了波拿巴及其内阁要把它"**干掉**"的决心。那个贯串着制宪议会整个后半期的长期决斗从此开始了。**一月二十九日事件**、**三月二十一日事件**、**五月八日事件**是这个危机时期中的重大事件，同时也正是**六月十三日事件**的先兆。

法国人——例如路易·勃朗——把一月二十九日事件看成是宪法中所包含的矛盾的表现：矛盾一方是享有主权、不许解散、通过实行普选权而产生的国民议会；另一方是总统。按照条文，总统应当对国民议会负责，而实际上，总统不仅同样是通过实行普选权而获得批准，并把分配在国民议会各个议员身上从而百倍分散的全部选票集中于一身，而且，总统还掌握着全部行政权，而国民议会则只是作为一种道义力量悬浮在行政权之上。对于一月二十九日事件的这种解释，是把议会讲坛上、报刊上、俱乐部里的斗争的语言同斗争的真实内容混同了。路易·波拿巴和制宪国民议会的对立并不是宪制权力中一方同另一方的对立，不是行政权同立法权的对立，而是已经建立起来的资产阶级共和国本身同建立共和国的那些工具的对立，同资产阶级中革命集团的野心勃勃的阴谋和意识形态上的要求的对立，这个集团建立了共和国，而现在却惊奇地发现自己所建立的共和国像一个复辟的君主国，于是就想把立宪时期及其条件、幻想、语言和人物强行保持下去,不让已经成熟了的资产阶级共和国以其完备的和典型的形态出现。正如制宪国民议会代表着回归到它中间的卡芬雅克一样,波拿巴代表着尚未脱离他的立法国民议会,即代表着已经建成的资产阶级共和国的国民议会。

波拿巴的当选,只有当选举给**一个**名字加上它的各种不同的意义的时候,只有当这种选举在新国民议会选举中重演的时候,才能得到解释。12 月 10 日废除了旧国民议会的代表权。这样,在 1 月 29 日,发生冲突的就不是**同一个**共和国里的总统和国民议会,而是尚在建立中的共和国的国民议会和已经建成的共和国的总统,即体现着共和国生命过程中两个全然不同时期的两个权力。一方是不大的资产阶级共和派集团,唯有它才能宣布成立共和国,才能用巷战和恐怖统治从革命无产阶级手里夺去共和国,并在宪法中定出这个共和国的各种理想特征;另一方则是资产阶级中的全部保皇派大众,唯有他们才能在这个已经建成的资产阶级共和国里实行统治,才能剥去宪法的那套意识形态的服饰,并利用自己的立法机关和行政机关来实现为奴役无产阶级所必需的各种条件。

1 月 29 日发生的风暴,是在整个 1 月份当中蓄积起来的。制宪议会想通过对巴罗内阁投不信任票来迫使它辞职。但巴罗内阁作为回敬,却建议制宪议会对自己投下最终的不信任票,判处自己自杀,宣布自己**自动解散**。一个极无声望的议员拉托,在内阁指使下于 1 月 6 日把这个提案交给制宪议会,交给这个早在 8 月间就已经决定在它颁布一系列补充宪法的基本法律以前决不自行解散的制宪议会。内阁中的富尔德率直地向制宪议会说,"**为恢复遭**

到破坏的信用"，制宪议会必须解散。的确，制宪议会延长临时状态，而且使波拿巴跟着巴罗、已经建成的共和国跟着波拿巴都重新受到威胁，岂不就是破坏信用吗？巴罗这位奥林波斯山上的神变成了疯狂的罗兰，因为共和派让他等了整整一个"Dezennium"即十个月之久才终于弄到手的内阁总理位置眼看又要被夺去，而他连两个星期的福也没有享到。于是巴罗就比暴君还要残暴地对待这个可怜的议会。他所说的最温和的话是："它是根本没有前途的。"而议会这时确实也只代表着过去。巴罗又以讽刺的口吻补充说："它没有能力在共和国周围确立那些为巩固共和国所必需的机构。"①确实如此！议会对无产阶级的极度敌视同它的资产阶级毅力同时受挫，它对保皇派的敌视态度同它的共和主义狂热一起复活。所以，它就加倍地不能以适当的机构来巩固它再也无法理解的那个资产阶级共和国了。

在指使拉托提出建议的同时，内阁在全国各地掀起了**请愿的风暴**；每天从法国各地往制宪议会头上飞来一束一束情书，其中都或多或少坚决地请求它**解散**自己和立下遗嘱。制宪议会则掀起了反请愿运动，让人们要求它继续存在下去。波拿巴与卡芬雅克之间的竞选斗争，就以主张或反对国民议会解散的请愿斗争形式复活了。请愿是对十二月十日事件的事后注释。这种鼓动在整个1月份一直持续不断。

制宪议会在同总统的冲突中，不能再说自己是普遍选举的产物，因为别人正是用普选权来反对它。它不能依靠任何合法权力，

① 奥·巴罗《1849年1月12日在国民议会的演说》，载于1849年1月13日《总汇通报》第13号。——编者注

因为问题就在于反对法定权力。它不能如它早在 1 月 6 日和 26 日尝试过的那样用不信任票来推翻内阁,因为内阁并不需要它来表示信任。它所剩下的**唯一**出路就是**起义**。构成起义战斗力量的是**国民自卫军共和派部分**、**别动队**[46]以及革命无产阶级的各个中心——**俱乐部**。别动队,这些六月事变的英雄们,在 12 月是资产阶级共和派的有组织的战斗力量,正如六月事件以前**国家工场**[48]是革命无产阶级的有组织的战斗力量一样。正如制宪议会执行委员会在必须彻底取消无产阶级那些已使它不堪忍受的权利时,就残暴地攻击国家工场一样,波拿巴的内阁在必须彻底取消资产阶级共和派那些已使它不堪忍受的权利时,就向别动队猛攻。它下令**解散别动队**。其中有一半被遣散并被抛到街头,另一半则从民主制的组织被改成君主制的组织,而薪饷则减低到正规军的普通薪饷水平。别动队陷入了六月起义者的境地,于是报纸上每天都刊载别动队的**公开悔过声明**,承认自己在 6 月间犯的罪过,并恳求无产阶级宽恕。

而**俱乐部**又怎样呢?自从制宪议会通过对巴罗的不信任而表示对总统的不信任,通过对总统的不信任而表示对已经建成的资产阶级共和国的不信任,通过对这个共和国的不信任而表示对一般资产阶级共和国的不信任时起,在议会的周围就必然地聚集起二月共和国中的所有制宪分子,所有想要推翻现存共和国并用强制性手段使它回复到原来状态、想要把它改造为维护自己阶级利益和原则的共和国的各派。已经发生的就像没有发生过一样;革命运动的结晶又重新融解了;这些派别为之斗争的共和国又成了性质模糊的二月共和国,而对于二月共和国的性质,他们本来就各持己见。转瞬之间,各派又采取了它们在二月时期的旧立场,不过没有抱着二月时期的幻想。《国民报》的三色旗共和派又来依靠《改革报》[56]的民主主义共和派,推出他们来做议会斗争前台上的急先锋。民主主义共和派又来依靠社会主义共和派(1 月 27 日发表的公开宣言已宣告了他们的和解和联合),并在俱乐部里奠定发动起义的基础。内阁的报刊有理由把《国民报》的三色旗共和派看做复活的六月起义者。他们为要保持自己在资产阶级共和国中的领导地位,就设法使资产阶级共和国本身成为问题。在 1 月 26 日,福适部长提出了关于结社权的法案,其中第一条就是"**取缔俱乐部**"。他提议把这个法案当做紧急事项立即进行讨论。制宪议会否决了这项紧急提案,而 1 月 27 日赖德律-洛兰就提出了一项由 230 个议员署名的关于内阁违反宪法应交付审判的提案。把内阁交付审判这样的行动,不是冒失地暴露出审判官即议会多数的软弱无能,就是意味着控告人对这个多数本身的软弱无力的抗议;在这种时候竟要求把内阁交付审判——这就是后辈山岳党此后在危机的每个紧要关头打出的那张大点数革命王牌。可怜的山岳党已被自己名称的重负压碎了!

布朗基、巴尔贝斯、拉斯拜尔等人曾于 5 月 15 日率领巴黎无产阶级冲入制宪议会的会场,企图把它解散。巴罗也针对这个议会,准备在道义上把五月十五日事件[54]重演一遍,想强迫它自行解散,并封闭它的会场。就是这个议会曾经委托巴罗对五月事件的被告进行审讯;而现在,当巴罗已开始扮演保皇派的布朗基角色反对制宪议会,而制宪议会已开始在俱乐部里,从革命无产者方面,从布朗基派方面寻找同盟者来反对巴罗的时候,残酷无情的巴罗就提议把五月囚犯从陪审法庭提出来交给《国民报》派所发明的特别最高法庭,以此来刁难制宪议会。令人惊奇的是,怕失去内阁总理位置的焦虑竟从巴罗的脑袋中挤出了堪与博马舍的机智媲美的机智！国民议会经过长期的踌躇后接受了他的提议。国民议会在对待五月杀人犯的问题上，又回复到它的正常性质了。

如果说制宪议会在对付总统和部长们时不得不诉诸**起义**，那么总统和内阁在对付制宪议会时就不得不诉诸政变，因为他们没有任何法律手段去解散制宪议会。但是，制宪议会是宪法之母，而宪法又是总统之母。总统举行政变就会取消宪法，因而也就会取消自己的共和制的合法名义。于是他只好拿出帝制的合法名义，而帝制的合法名义又要唤起奥尔良王室的合法名义，但这两种名义同正统的合法名义比起来是相形见绌的。合法共和国的颠覆，只能使与它势不两立的一方即正统君主国重新抬头，因为这时奥尔良派[52]只是 2 月的失败者，而波拿巴只是 12 月 10 日的胜利者，双方所能用以对抗共和派的篡夺行为的，只是自己同样用篡夺手段得来的君主国的名义。正统派知道时机对他们有利，就公然进行阴谋活动。他们有可能指望尚加尔涅将军来做他们的**蒙克**。正如在无产者俱乐部里曾公开宣告**红色共和国**的到来一样，在他们的俱乐部里也公开宣告了**白色君主国**的到来。

只要把一次起义顺利镇压下去，内阁就可以摆脱一切困难。"合法性害死我们！"——奥迪隆·巴罗这样叫喊道。如果发生一次起义，人们就可以借口维护公共安全来解散制宪议会，就可以为了宪法本身来破坏宪法。奥迪隆·巴罗在国民议会的粗暴态度，建议解散俱乐部，大张旗鼓地撤销 50 个三色旗地方行政长官职务而代之以保皇派，解散别动队，尚加尔涅虐待别动队长官，恢复在基佐政府时代就已混不下去的勒米尼耶教授的讲席，容忍正统派的狂妄行为——这一切都是为了要挑动起义。但是起义毫无动静。起义等候的是来自制宪议会的信号,而不是来自内阁的信号。

终于到了 1 月 29 日,这一天要对马蒂厄(德拉德罗姆)关于无条件否决拉托提案的提案进行表决。正统派[38]、奥尔良派、波拿巴派、别动队、山岳党[55]、各个俱乐部——大家都在这一天进行密谋活动,既起劲地反对自己假想的敌人,又起劲地反对自己假想的同盟者。波拿巴骑着马在协和广场检阅部分军队,尚加尔涅装模作样地举行排场很大的战略演习,制宪议会发现自己的会场已被军队包围了。这个交织着各种希望、疑惧、期待、愤慨、紧张和阴谋的中心——猛如雄狮的制宪议会,在比以往任何时候都更接近时代精神的关头一刻也没有犹豫。它好像是一个不仅害怕动用自己的武器,而且觉得应该保全敌人的武器的战士。它以视死如归的气概签署了宣告自己死刑的判决书,否决了关于无条件否决拉托提案的提案。既然它自己已处于戒严之下,它就以巴黎戒严作为必要界限来限制自己的立宪活动。次日它就决定对内阁在 1 月 29 日加于它的恐怖进行调查,它也只配采取这种报复办法。山岳党暴露出自己缺乏革命毅力和政治理解力,居然让《国民报》派利用它来充当这出阴谋大喜剧中参与争吵的叫喊者。《国民报》派最后一次尝试在已经建成的资产阶级共和国里保持它曾在共和国产生时期拥有的那种垄断政权的地位。它遭到了失败。

一月危机关系到制宪议会的存亡,而三月二十一日危机则关系到宪法的存亡;前一件事涉及《国民报》派的人员,后一件事涉及这一派的理想。不言而喻,正直的共和党人宁愿放弃他们超凡脱俗的意识形态,也不肯放弃在尘世间执掌政府权力的乐趣。

3 月 21 日,在国民议会的日程上所列的是福适提出的反对结社权的法案:**查封俱乐部**。宪法第八条保障一切法国人有结社权。

因此,取缔俱乐部就是公然破坏宪法,而且制宪议会还得亲手批准对自己的这个圣物的亵渎。然而,俱乐部是革命无产阶级的集合地点,是它的密谋活动场所。国民议会自己就曾禁止工人们联合起来反对他们的资产者。而俱乐部不就是要让整个工人阶级联合起来去反对整个资产阶级,不就是要建立一个工人的国家去对抗资产者的国家吗?俱乐部不就是十足的无产阶级制宪议会和十足的起义军备战部队吗?宪法首先要确立的是资产阶级的统治。因此,宪法所说的结社权显然只是指容许那些能与资产阶级统治,即与资产阶级制度相协调的社团存在。如果说宪法为了理论上的冠冕堂皇而表述得有点笼统,那么政府和国民议会的存在难道不正是为了在各个具体场合对宪法进行解释和运用吗?既然在共和国初创时期,俱乐部实际上已经因为戒严而被取缔,那么在已经整顿好的、已经建成的共和国里,难道就不能用法律来取缔吗?三色旗共和派只能用宪法中的堂皇辞令来反对这样生硬地解释宪法。他们中间有一部分人,如帕涅尔、杜克莱尔等等,投票拥护内阁,从而使它获得了多数。另一部分人,则以天使长卡芬雅克和教会之父马拉斯特为首,在关于取缔俱乐部的条文通过之后,就与赖德律-洛兰和山岳党一同退到一个专用的办公大厅里去“开会”。国民议会瘫痪了,它已经不再具有为通过决议所必需的票数。这时克雷米约先生在办公大厅里及时提醒,说这里有一条路直通街头,并且现在已不是 1848 年 2 月,而是 1849 年 3 月了。《国民报》派恍然大悟,回到了国民议会的会场,再度受骗的山岳党也尾随其后。山岳党一直苦于革命的渴望得不到满足,同样,它也一直在寻求合乎宪法的途径;所以它总是觉得站在资产阶级共和派后面比站在革命无产阶级前面更为自在。这出喜剧就这样收场了。制宪议会自己通过决定,认为违背宪法条文就是唯一恰当地实现宪法条文的精神。

只有一点还需要调整一下,这就是已经建成的共和国对欧洲革命的态度,即它的**对外政策**。1849 年 5 月 8 日,在行将寿终正寝的制宪议会里气氛异常激奋。日程上所列的问题是法军进攻罗马,法军被罗马人击退,法军在政治上受辱和在军事上丢丑,法兰西共和国暗杀罗马共和国[68],第二个波拿巴首次出征意大利。山岳党再一次打出了自己的大点数王牌,赖德律-洛兰免不了在议长桌上放上一份控告内阁——而且这一次还控告波拿巴——违反宪法的控诉书。

5 月 8 日动议的理由,后来又在 6 月 13 日动议中重述了一遍。我们来看看这次出征罗马是怎么一回事吧。

卡芬雅克早在 1848 年 11 月中就派遣舰队去奇维塔韦基亚,目的是保护教皇①,把他接到船上并送到法国。教皇的任务是为正直的共和国祝福,并保证卡芬雅克当选为总统。卡芬雅克想利用教皇来拉拢神父,利用神父来拉拢农民,再利用农民来谋取总统职位。卡芬雅克的远征按其直接目的来说是为选举做广告,同时也是对罗马革命进行抗议和威胁。这次远征包含着法国为保护教皇而进行干涉的苗头。

这次为保护教皇和反对罗马共和国而联合奥地利和那不勒斯进行的干涉,是 12 月 23 日在波拿巴内阁第一次会议上决定的。法卢在内阁,这就意味着教皇在罗马,并且是在教皇的罗马。波拿巴不再需要教皇来帮助他成为农民的总统,但他需要稳住教皇,以

①　庇护九世。——编者注

便稳住总统的农民。农民的轻信使他当上了总统。如果他们不再
有信仰,就会不再轻信,而他们一旦失去教皇,也就不再有信仰。
那些借波拿巴的名字来实现统治的联合起来的奥尔良派和正统派
会怎么样呢! 要恢复国王,必须先恢复使国王神圣化的权力。问
题不仅在于他们的保皇思想,如果没有受教皇世俗权力支配的旧
罗马,就没有教皇;没有教皇,就没有天主教;没有天主教,就没有
法国宗教;而没有宗教,旧的法国社会又会成为什么样子呢? 农民
享有的对天国财富的抵押权,保证了资产者享有的对农民土地的
抵押权。因此,罗马革命,也如六月革命一样,是对于所有权,对于
资产阶级制度的可怕的侵犯。在法国重新建立起来的资产阶级统
治,要求在罗马恢复教皇统治。最后,打击罗马革命者,就是打击
法国革命者的同盟军;已建成的法兰西共和国内各反革命阶级间
的联盟,自然要以法兰西共和国与神圣同盟结成的联盟,即与那不
勒斯和奥地利结成的联盟来作补充。内阁会议 12 月 23 日的决
定,对制宪议会来说并不是什么秘密。1 月 8 日赖德律-洛兰已经
就此事向内阁提出了质询,内阁予以否认,国民议会就转而进行下
一项议程。国民议会是否相信了内阁的话呢? 我们知道,在整个
1 月里,它始终忙于对内阁投不信任票。不过,如果说扯谎已是内
阁的本分,那么假装相信这种谎言,并以此挽回共和国的体面,就
是国民议会的本分。

这时,皮埃蒙特被攻破,查理-阿尔伯特退位,奥地利军队直叩
法国的大门,赖德律-洛兰以激烈的语气提出质询。但是内阁证
明,它在北意大利只是继续了卡芬雅克的政策,而卡芬雅克只是继
续了临时政府即赖德律-洛兰的政策。这一次,它甚至获得国民议
会的信任票,并且被授权在北意大利暂时占领一个适当的地点,以

作为与奥地利进行关于撒丁领土不可分割问题和罗马问题的和平谈判的后盾。大家知道,意大利的命运是由北意大利战场上的会战来决定的。所以,不是罗马随着伦巴第和皮埃蒙特一并陷落,就是法国必须向奥地利,从而也向欧洲反革命势力宣战。难道国民议会忽然把巴罗内阁当做旧日的救国委员会[69]了吗? 或是把自己当做国民公会[70]了吗? 如果这样的话,那么法国军队为什么要在北意大利占领一个地点呢? 原来在这层透明的面纱下藏着的是对罗马的远征。

4 月 14 日,14 000 名士兵由乌迪诺率领乘船前往奇维塔韦基亚;4 月 16 日,国民议会同意给内阁拨款 120 万法郎,作为进行干涉的舰队驻留地中海三个月的经费。这样,国民议会就给了内阁干涉罗马的一切手段,同时却装做是让内阁去干涉奥地利。它对内阁不是观其行,而只是听其言。这么深的信仰,就是在以色列也没有遇见过。制宪议会已经落到了无权过问已经建成的共和国所作所为的境地了。

终于,在 5 月 8 日,喜剧的最后一幕上演了。制宪议会要求内阁立即采取措施,使意大利远征回到它原定的目标。波拿巴当晚就在《通报》[41]上刊载了一封信,对乌迪诺大加赞扬。5 月 11 日,国民议会否决了弹劾这个波拿巴及其内阁的控诉书。而山岳党没有去揭穿这个骗局,却把议会的喜剧弄成了一个悲剧,以便自己在这里扮演富基埃-坦维尔的角色,但这岂不是在借来的国民公会的狮子皮底下露出了天生的小资产阶级的牛犊皮吗!

制宪议会的后半期可以概括如下:1 月 29 日,它承认资产阶级各保皇集团是它所建成的共和国中的当然首脑;3 月 21 日,它承认违背宪法就是实现宪法;5 月 11 日,它又承认堂皇宣布的法兰西共和国与正在奋斗的欧洲各族人民结成的消极联盟意味着法兰西共和国与欧洲反革命势力结成的积极联盟。

这个可怜的议会在自己诞生一周年纪念日即 5 月 4 日的前两天否决了大赦六月起义者的提议而给自己一点补偿,此后它便退出了舞台。制宪议会既已丧失了自己的权力,既已为人民所切齿痛恨,既已引起曾利用它做工具的资产阶级的反感而被粗暴地、轻蔑地扔在一边,既已被迫在自己的后半生否定自己的前半生,既已失去了自己共和主义的幻想,过去没有建树而将来又毫无希望,只是在活活地一点一点地死去,那么,它就只能通过经常重提六月的胜利、重温六月的胜利,通过再三判处已被判处的人们以证实自己的存在,来镀饰自己的尸体。这些专靠六月起义者的鲜血为生的吸血鬼!

它遗下了以前的国家赤字,并且因镇压六月起义的费用、盐税的取消、为废除黑奴制而给予种植场主的补偿金、远征罗马的费用以及葡萄酒税的取消[71]而使赤字增大了;制宪议会在临终时才决定取消葡萄酒税,它活像一个幸灾乐祸的老人,庆幸给自己欣喜的继承者加上一笔令人身败名裂的信誉债。

3 月初开始了**立法国民议会**的选举鼓动。有两大集团相对垒:一是**秩序党**[22],一是**民主社会主义党或红党**;站立在这两大集团中间的是**宪法之友**——《国民报》派的三色旗共和派[36]企图在这个名称下弄成一个党。**秩序党**是在六月事变后立即成立的,但是直到 12 月 10 日以后,当它可以摆脱《国民报》派即资产阶级共和派的时候,它存在的秘密才暴露了:它是**奥尔良派与正统派联合组成的一个党**。资产阶级分裂成为两大集团,一是**大地产**,一是**金融贵族和工业资产阶级**,这两大集团曾先后独占政权,前者在**复辟**

王朝时期独占过政权,后者在**七月王朝**[29]时期独占过政权。**波旁**
是一个集团的利益占优势的王室姓氏;**奥尔良**则是另一个集团的
利益占优势的王室姓氏;只有在**没有姓氏的共和制王国**中,这两大
集团才能在同等掌握政权的条件下维护共同的阶级利益,而又不
停止相互间的竞争。既然资产阶级共和国不外是整个资产阶级的
完备的纯粹的统治形式,那么,它除了是以正统派为补充的奥尔良
派的统治和以奥尔良派为补充的正统派的统治,即**复辟时期与七
月王朝的综合**,还能是什么呢?《国民报》派的资产阶级共和派,
并不代表本阶级中拥有经济基础的庞大集团。他们的作用与历史
任务只在于:在君主制时期,他们与两个只知道各自的**特殊**政治制
度的资产阶级集团相反,提出了资产阶级的共同政治制度,即**没有
姓氏的共和制王国**,把它理想化,并饰以古代的阿拉伯式花纹,但
首先是把它当做自己小集团的统治来欢迎。《国民报》派看见在
自己所创立的共和国的顶峰站着联合的保皇派时感到莫名其妙,
而联合的保皇派对于自己共同统治的事实也同样感到迷惑不解。
他们不了解,如果他们的每一个集团分开来看是保皇主义的,那么
他们的化合物就必然是**共和主义的**;他们不了解,白色王朝与蓝色
王朝在三色旗的共和国里必然互相中和。秩序党的两个集团既与
革命无产阶级以及那些日益向作为中心的革命无产阶级靠拢的过
渡阶级相对抗,就不得不发动自己的联合力量并保全这个联合力
量的组织;每个集团都只得为反对另一集团的复辟独霸意图而提
出共同的统治,即提出资产阶级统治的**共和形式**。于是我们就看
到,这些保皇派起初还相信能立刻实行复辟,尔后又在怒气冲
冲、切齿咒骂中保存了共和形式,最后则承认他们只有在共和国中
才能和睦相处,并把复辟无限期地延搁了。共同享有统治本身使

这两个集团的每个集团都加强起来,使每个集团都越发不能和不愿服从另一集团,即越发不能和不愿复辟君主制。

秩序党在自己的选举纲领中直截了当地宣布了资产阶级的统治,即保全这个阶级统治的存在条件:**财产、家庭、宗教、秩序**! 当然它是把资产阶级的阶级统治以及这个阶级统治的条件描绘为文明的统治,描绘为物质生产以及由此产生的社会交往关系的必要条件。秩序党拥有巨额资金,它在法国各地都成立支部,以薪金豢养旧社会的一切意识形态家,控制着现政权的势力,在众多的小资产者和农民中拥有不领薪的奴仆大军,这些小资产者和农民对革命运动还很疏远,把地位显赫的大财主看做是他们的小财产和小偏见的天然代表。秩序党在全国有不可胜数的小国王为其代表,能够把拒绝选举其候选人当做造反来惩罚,能够解雇造反的工人、不顺从的雇农、仆役、听差、铁路职员、文书、一切日常生活中从属于它的工作人员。最后,秩序党在某些地方竟能维持这样一种错觉,即共和主义的制宪议会阻碍了 12 月 10 日的当选者波拿巴施展他那神奇的力量。我们在谈秩序党时没有提到波拿巴分子。他们并不是资产阶级中的一个真正的集团,而只是迷信的老年伤残者和无信仰的青年冒险家的混合体。秩序党在选举中获得了胜利,向立法议会输送了绝大多数的议员。

在联合的反革命资产阶级面前,小资产阶级和农民阶级中一切已经革命化的成分,自然必定要与享有盛誉的革命利益代表者,即与革命无产阶级联合起来。我们看到,议会里的小资产阶级的民主主义代言人,即山岳党,如何由于议会中的失败而去与无产阶级的社会主义代言人接近,而议会外的真正的小资产阶级又如何由于友好协议被否决,由于资产阶级利益被蛮横坚持以及由于破产而去与真正的无产者接近。1 月 27 日，山岳党与社会主义者庆祝了他们的和解；而在 1849 年的二月大宴会上他们又再次采取了这种联合行动。社会党与民主党，工人的党与小资产者的党，就结合成**社会民主党**，即结合成**红党**。

法兰西共和国由于紧跟着六月事变而来的痛苦挣扎一度陷于瘫痪，从戒严状态解除时起，即从 10 月 14 日起，又接连不断地经历了一连串寒热症似的动荡。最初是争夺总统位置的斗争；接着是总统与制宪议会的斗争；因俱乐部而引起的斗争；布尔日的案件[72]，这一案件使无产阶级的真正革命家与总统、联合的保皇派、正直的共和派、民主主义的山岳党人以及无产阶级的社会主义空论家等渺小人物比起来，就像是一些只是被大洪水遗留在社会表层的，或者只能引领社会大洪水的史前世界的巨人；选举鼓动；处决那些打死布雷亚的人[8]；接连不断地对报刊提出控告；政府派警察对宴会运动进行暴力干涉；保皇派的放肆挑衅；路易·勃朗与科西迪耶尔的肖像被挂在耻辱柱上；已经建成的共和国与制宪议会之间的不断斗争，这种斗争随时都迫使革命回到自己最初的出发点，随时都使战胜者变为被战胜者，被战胜者变为战胜者，并且顷刻间就改变各党派和各阶级的地位、它们的决裂和结合；欧洲反革命的迅速前进；匈牙利人的光荣斗争；德国各地的起义；远征罗马；法军在罗马城下的可耻失败[68]——在这运动的旋涡中，在这历史动荡的痛苦中，在这革命的热情、希望和失望的戏剧性的起落中，法国社会各阶级从前以半世纪为单位来计算自己的发展时期，现在却不能不以星期为单位来计算了。很大一部分农民和外省已经革命化了。他们已经对拿破仑感到失望，况且，红党答应向他们提供的已经不再是名称，而是内容；不再是免除租税的幻想，而是

收回已付给正统派的 10 亿法郎、调整抵押贷款和消灭高利贷的
行动。

军队本身也感染了革命的寒热症。军队投波拿巴的票,原是
为了取得胜利,而波拿巴却给军队带来了失败。军队投他的票,原
是投票拥护可望成为伟大革命统帅的小军士,而他给军队带来的
却仍然是那些只具有普通军士水平的大将军。毫无疑问,红党,即
联合的民主派,即使得不到胜利,也一定会获得巨大的成就,因为
巴黎、军队和大多数的外省都会投票拥护它。**赖德律-洛兰**这个山
岳党的领袖在五个省当选了;秩序党的领袖没有一个得到这样的
胜利,真正无产者的党派中的候选人也没有谁得到这样的胜利。
这次选举结果给我们揭示了民主社会主义党的秘密。如果说,一
方面,山岳党这个民主派小资产阶级在议会中的先锋,不得不与无
产阶级的社会主义空论家联合——无产阶级在 6 月遭受了沉重的
物质失败,不得不通过精神上的胜利重新振作起来,又由于其余各
阶级的发展使它无力实行革命专政,它就势必投入幻想无产阶级
解放的空论家的怀抱,即投入那些社会主义流派的创始人的怀
抱——那么,另一方面,革命的农民、军队和外省都站到了山岳党
方面。于是,山岳党就成了革命营垒的指挥官,而它与社会主义者
的谅解就消除了革命派内部的任何对立。在制宪议会存在的后半
期,山岳党体现了制宪议会的共和主义的激情,而使人忘记了它在
临时政府、执行委员会和六月事变时期的罪孽。随着《国民报》派
由于自己的不彻底的本性而听任保皇派内阁的压制,在《国民报》
派全权在握的时期被摒于一边的山岳党也就抬起头来,并且起到
了议会中的革命代表者的作用。的确,《国民报》派能拿出来与其
他保皇派相对立的,除了沽名钓誉的人物和唯心主义的空谈之外,

就什么也没有了。相反,山岳党则代表着摇摆于资产阶级和无产阶级之间的群众,这些群众的物质利益要求民主制度。于是与卡芬雅克之流和马拉斯特之流相比,赖德律-洛兰和山岳党站在革命真理的一边,由于意识到自己所处的这种举足轻重的地位,所以,革命热情的表现越是局限于在议会中进行攻击——提交控诉书、进行威吓、高声喊叫、发表雷鸣似的演说和提出不外是些空话的极端措施,他们也就越是勇敢。农民所处的地位与小资产者大致相同,他们的社会要求也大致一样。所以,社会的一切中间阶层既然被卷入革命运动,就必定要把赖德律-洛兰视为他们的英雄。赖德律-洛兰是民主派小资产阶级的主要人物。在与秩序党相抗衡的情况下,这种秩序的半保守、半革命和全然空想的改良家必然首先被推上领导地位。

《国民报》派、"坚决的宪法之友"、纯粹的共和派在选举中一败涂地。他们只有极少数被选进立法议会;他们的最著名的领袖,连马拉斯特这位总编辑,这位正直的共和国的奥菲士也包括在内,都退出了舞台。

5 月 28 日立法议会开幕,6 月 11 日重演了 5 月 8 日的冲突。赖德律-洛兰代表山岳党提出了弹劾总统和内阁违反宪法、炮轰罗马的控诉书。6 月 12 日,立法议会否决了这个控诉书,正如制宪议会在 5 月 11 日否决了它一样,但是这次无产阶级迫使山岳党走上了街头——然而不是去进行巷战,而只是上街游行。只要指出这次运动是以山岳党为首的,就足以知道这次运动要被镇压下去,而 1849 年 6 月只不过是 1848 年 6 月的一幅可笑而又可鄙的漫画。6 月 13 日的伟大退却,只是因为被秩序党急忙封为大人物的尚加尔涅提出了更伟大的战斗报告,才显得逊色了。如爱尔维修所说的,每一个社会时代都需要有自己的大人物,如果没有这样的人物,它就要把他们创造出来。

12 月 20 日,存在的只是已建成的资产阶级共和国的一半,即**总统**。5 月 28 日,补上了另一半,即**立法议会**。建立中的资产阶级共和国,是在 1848 年 6 月通过对无产阶级的空前搏斗载入历史的出生登记簿的;而已建成的资产阶级共和国,则是在 1849 年 6 月通过它与小资产阶级合演的难以名状的滑稽剧载入这个出生登记簿的。1849 年 6 月是对 1848 年 6 月实行报复的涅墨西斯。1849 年 6 月,并不是工人被打败,而是站在工人与革命之间的小资产者遭到了失败。1849 年 6 月,并不是雇佣劳动与资本之间的流血悲剧,而是债务人与债权人之间的包藏大量牢狱之灾的可悲的正剧。秩序党获胜了,它已经全权在握,现在一定要露出真相了。

三 1849年六月十三日事件的后果

12月20日,**立宪共和国**的雅努斯脑袋只显示出它的**一副**面孔,即带有路易·波拿巴的模糊的浅淡线条的行政权面孔。1849年5月28日,它显示出另一副面孔,即布满了复辟时期和七月王朝时期的闹宴所留下的累累伤痕的**立法权**面孔。有了立法国民议会,**立宪共和国**的外表即共和制的国家形式也就完成了,在这个国家形式中确立了资产阶级的统治,即确立了构成法国资产阶级的两大保皇派集团——联合的正统派和奥尔良派的共同统治,**秩序党**的统治。于是,法兰西共和国就成了保皇派同盟的财产,同时欧洲反革命的大国同盟又向三月革命[3]的最后避难所举行了全面的十字军征讨[73]。俄国入侵匈牙利[74],普鲁士军队进攻维护帝国宪法[75]的军队,乌迪诺炮轰罗马[68]。欧洲危机显然已经接近决定性的转折点,全欧洲的目光都集中在巴黎,而全巴黎的目光则都集中在**立法议会**。

6月11日,赖德律-洛兰登上立法议会的讲坛。他没有发表演说,他只提出了弹劾内阁部长们的控诉书,赤裸裸的、毫无掩饰的、切实的、扼要的、无情的控诉书。

侵犯罗马就是侵犯宪法,侵犯罗马共和国就是侵犯法兰西共和国。宪法第5条说:"法兰西共和国永远不使用自己的武装力量侵犯任何民族的自由",而总统却使用法国军队去侵犯罗马的自由。宪法第 54 条禁止行政权未经国民议会①同意而宣布任何战争。制宪议会 5 月 8 日通过决议,坚决命令内阁尽速使罗马远征军回到原定目标上来,可见它也同样坚决地禁止他们对罗马作战,而乌迪诺却在炮轰罗马。这样,赖德律-洛兰就请出宪法本身来做他控诉波拿巴及其部长们的证人。他这位宪法保护人向国民议会的保皇派多数发出了威胁性声明:"共和派会采取一切手段迫使人们尊重宪法,甚至会诉诸武力!"山岳党[55]以强烈百倍的回声重复说:"**诉诸武力!**"多数派则报以可怕的喧嚷;国民议会议长要赖德律-洛兰遵守秩序;赖德律-洛兰重复自己挑战性的声明,最后在议长桌上放了一份要求将波拿巴及其部长们交付审判的提案。国民议会则以 361 票对 203 票的多数决议从炮轰罗马问题转入一般议程。

难道赖德律-洛兰以为能够利用宪法来击败国民议会,利用国民议会来击败总统吗?

诚然,宪法是根本禁止侵犯其他民族自由的,但是,据内阁说,法军在罗马侵犯的不是"自由",而是"无政府势力的专横"。难道山岳党虽然在制宪议会中有那么多经验,却依然不懂得宪法的解释权不属于宪法制定人,而只属于宪法接受者吗?依然不懂得宪法条文应该就其切实可行的意义去解释,而资产阶级的意义就是宪法的唯一切实可行的意义吗?依然不懂得波拿巴和国民议会保皇派多数是宪法的真正解释者,正如神父是圣经的真正解释者,而

---

① 从本页到本文结束,国民议会是指 1849 年 5 月 28 日—1851 年 12 月的立法国民议会(立法议会)。——编者注

法官是法律的真正解释者一样吗？当制宪议会在世时，奥迪隆·巴罗一个人就曾违背过它的意志，难道刚由普选产生的国民议会还会认为自己受已故的制宪议会的遗言约束吗？赖德律-洛兰在援引制宪议会 5 月 8 日决议时，难道忘记了正是这个制宪议会在5 月 11 日否决了他第一次要把波拿巴及其部长们交付审判的提案，忘记了这个制宪议会业已宣告总统及其部长们无罪，从而承认侵犯罗马是"合乎宪法的"，忘记了他只是对一个业已宣布的判决提出上诉，并且最终是由共和主义的制宪议会去向保皇主义的立法议会上诉吗？宪法专门列了一个条文，号召每一个公民来保护它，因而它本身就是求助于起义的。赖德律-洛兰依据的正是这一条文。但同时，难道国家的各个权力机构不是为保护宪法而建立的吗？难道违背宪法的行为不是只有当国家的一个宪制权力机构起来反对另一个宪制权力机构的时候才出现的吗？而当时共和国的总统、共和国的部长们和共和国的国民议会却是协调一致的。

山岳党在 6 月 11 日企图发动的是"**纯理性范围内的起义**"，即纯**议会内的起义**。山岳党想让被人民群众武装起义的前景吓坏了的国民议会多数派借毁灭波拿巴及其部长们来毁灭他们自己的权力和他们自己当选的意义。制宪议会曾经那么顽强地要求罢免巴罗—法卢内阁，不也是企图用类似手段宣告波拿巴的当选无效吗？

难道在国民公会[70]时代没有出现过议会内的起义突然使多数派与少数派的对比关系发生根本转变的实例吗？为什么老辈山岳党能够做成的事情，青年山岳党就不能做成呢？况且当前的局势看来也不是不利于采取这种行动。民情的激愤，在巴黎已经达到使人惶惶不安的程度；按选举时的投票来看，军队并不拥护政府；

立法议会的多数派本身刚刚形成不久,来不及牢固地组织起来,而且都是些老年人。如果山岳党把议会内的起义搞成功了,国家的大权就会直接落入它的手中。至于民主派小资产阶级,它一向热衷的莫过于看到议会的亡灵们在它头上的云端里发生争斗。最后,民主派小资产阶级以及它的代表者山岳党,都想借议会内的起义达到自己的伟大目的:粉碎资产阶级的势力,而又不让无产阶级有行动自由,或只是让它在远景中出现;利用无产阶级,但是不让它构成危险。

在 6 月 11 日国民议会投票之后,山岳党的若干成员和秘密工人团体的代表们举行了一次会谈。后者极力主张当天晚上就起事。山岳党坚决拒绝了这个计划。它无论如何不肯丢掉领导权;它对盟友也像对敌人一样疑虑重重,而这是有道理的。1848 年 6 月的记忆,从未这样强烈地使巴黎无产阶级的队伍激动过。然而无产阶级还是被它自己同山岳党的联盟束缚住了。山岳党代表着大部分的省,它夸大了自己在军队中的影响,它掌握了国民自卫军内的民主主义部分,并得到小商店的道义上的支持。在这个时候,违反山岳党意志发动起义,对于无产阶级说来——况且无产阶级又因霍乱而人员锐减,因失业而不得不大批地离开巴黎——就是在没有 1848 年 6 月的那种逼迫无产阶级进行拼死斗争的情势下徒然重演 1848 年的六月事件。无产阶级的代表们采取了唯一合理的办法。他们迫使山岳党**丢丑**,即迫使它在它的控诉书被否决时越出议会斗争的范围。在 6 月 13 日这一整天内,无产阶级一直保持着这种怀疑、观望的态度,等待民主主义的国民自卫军与军队之间展开一场真刀真枪的、你死我活的搏斗,以便在那时投入斗争,推动革命超出强加于它的那些小资产阶级的目的。如果获得胜利,无产阶级的公社已经成立好了,要让它与正式的政府并行地活动。巴黎的工人已经接受了 1848 年 6 月的血的教训。

6 月 12 日,部长拉克罗斯自己向立法议会提出了立即讨论控诉书的动议。政府在当晚采取了准备防御和进攻的一切措施;国民议会的多数派决心要把反叛的少数派逼上街头,少数派本身也已经无法退却,非应战不可了;控诉书以 377 票对 8 票被否决了;拒绝投票的山岳党,气愤地跑到"爱好和平的民主派"的宣传厅,跑到《和平民主日报》的编辑部里去了。**76**

山岳党一退出议会会场,就失去了力量,正如大地的儿子安泰一离开大地,就失去了力量一样。山岳党人在立法议会会场内是参孙,而在"爱好和平的民主派"的厅堂里却成了非利士人①。一场冗长、嘈杂而空洞的争论就这样开始了。山岳党决心不惜采取任何手段迫使人们尊重宪法,"**只是不诉诸武力**"。山岳党的这个决心,得到了"宪法之友"的一个宣言**77**和一个代表团的赞助。"宪法之友"是《国民报》派**36**即资产阶级共和派的残余的自称。它在议会中保留下来的代表有六人投票**反对**否决控诉书,但其余的人全都投票**赞成**否决控诉书;**卡芬雅克**已经把他的军刀交给秩序党随意使用,但是另一方面,这一派在议会外的更大部分,却如饥似渴地抓住这个机会以摆脱其政治贱民的地位,并挤入民主政党的行列。他们不正是这个藏在他们的盾牌、藏在他们的**原则**、藏在**宪法**后面的民主政党的当然持盾者吗?

直到天明,"山岳"一直在忍受分娩的痛苦。它生下了一个《**告人民书**》,**78**于 6 月 13 日早晨在两家社会主义报纸的不显眼的

---

① 参看《旧约全书·士师记》第 15 章。——编者注

91

地方刊登出来。⁷⁹这个宣言宣布总统、部长们、立法议会多数派"**不受宪法保护**"（hors la constitution），并号召国民自卫军和军队，最后还号召人民"**起来反抗**"。"**宪法万岁!**"就是它的口号——无异于"**打倒革命!**"的口号。

与山岳党的宪制宣言相呼应的，是 6 月 13 日小资产者举行的一次所谓**和平示威游行**。这是从水塔街出发沿着林荫大道行进的列队游行；3 万人中大部分是不带武器的国民自卫军，其中夹杂着秘密工人团体的成员，他们沿途高呼："**宪法万岁!**"游行者在喊这个口号时是机械的、冷漠的、违心的，这些呼喊声没有汇成雷鸣般的巨响，反而受到群集于人行道上的民众的嘲讽。在这个多声部的合唱中缺少的是发自内心的声音。当游行队伍走到"宪法之友"开会的楼房前面时，在那楼房的山墙上出现了一个雇用的宪法使者，他拼命挥动他那顶受雇捧场者的帽子，使足了劲叫喊"**宪法万岁!**"，喊声像冰雹似地撒落在朝拜者的头上。这时，游行者自己似乎刹那间也感觉到了这个场面滑稽可笑。众所周知，游行队伍在和平路口转入林荫大道时遇到了尚加尔涅的龙骑兵和猎步兵的完全不是议会式的接待；游行者顷刻间就四散奔逃，只是在奔跑中喊了几声"拿起武器!"，以执行 6 月 11 日议会中发出的拿起武器的号召。

和平游行队伍被强力驱散，隐约传闻赤手空拳的公民在林荫大道上被杀害，街道上越来越乱，当这一切似乎预告起义即将来临的时候，集合在阿扎尔街上的山岳党人大部分就逃散了。**赖德律-洛兰**带领着一小群议员挽回了山岳党的名誉。他们在集结于国民宫的巴黎炮兵队的保护下，跑到工艺博物馆去，等候国民自卫军第五军团和第六军团来援救。但是山岳党人没有等到第五军团和第六军团;这些谨慎的国民自卫军把自己的代表丢开不管,巴黎炮兵队本身还阻挠人民构筑街垒,极端的混乱使得任何决定都不可能作出,正规部队端着上好刺刀的枪向前逼进,一部分议员被逮捕了,另一部分逃跑了。六月十三日事件就此结束。

如果说 1848 年的 6 月 23 日是革命无产阶级起义的日子,那么 1849 年的 6 月 13 日就是民主派小资产者起义的日子;这两次起义中的每一次都是发动起义的那个阶级的**典型纯粹的**表现。

只有在里昂,事变才发展成顽强的流血冲突。在这里,工业资产阶级和工业无产阶级不可调和地对立着,工人运动不像在巴黎那样被约束在一般运动范围内并受一般运动的支配,因此,六月十三日事件在这里的反映就丧失了它原来的性质。在对六月十三日事件有过反响的其他外省地方,这个事件并没有燃成烈火,只不过划过**一道冷清清的闪电**。

6 月 13 日结束了**立宪共和国生命的第一个时期**,立宪共和国是在 1849 年 5 月 28 日随着立法议会的开幕而开始其正常存在的。这整个序幕充满着秩序党与山岳党之间、资产阶级与小资产阶级之间的喧嚣的斗争;小资产阶级徒然反抗确立资产阶级共和国,而为了这个资产阶级共和国,它自己曾在临时政府和执行委员会中不断进行阴谋活动,在六月事变中拼命攻击无产阶级。6 月 13 日这一天摧毁了它的反抗,而把联合保皇派的**立法独裁**弄成了既成事实。从这时起,国民议会就只是**秩序党的救国委员会**[69]了。

巴黎把总统、部长们和国民议会多数派放在"**被告地位**",而他们则宣布巴黎"**戒严**"。山岳党宣布立法议会多数派"**不受宪法保护**";而多数派则以违背宪法的罪名把山岳党交付特别最高法庭审判,并使这个党内仍有生命力的一切都不受法律保护。山岳

93

党被砍杀得只剩下了一个无头无心的躯干。少数派只是企图举行**议会内的起义**,多数派则把自己的**议会专制**提升为法律。多数派发布了新的议会**规章**,借以取消讲坛上的言论自由,并授权国民议会议长用谴责、罚款、停发薪金、暂停与会资格和监禁等手段,来惩罚议员违反规章的行为。这个多数派在山岳党的躯干上方悬挂的不是利剑,而是鞭子。留下来的山岳党议员,为了保全名誉,本应集体退出议会。这样的行动会加速秩序党的解体。当不再有对抗的迹象促使秩序党团结一致的时候,秩序党就必定会分裂成它原来的构成部分了。

在民主派小资产者被夺去**议会**力量的时候,它的**武装**力量也被夺去了;巴黎炮兵队以及国民自卫军第八、第九和第十二军团都被解散了。相反,金融贵族的军团在6月13日袭击了布莱和鲁镇的印刷厂,毁坏了印刷机,捣毁了共和派报刊编辑部,擅自逮捕了它们的编辑、排字工人、印刷工人、收发员和投递员,却得到了来自国民议会讲坛的嘉奖。在整个法国,凡是有共和主义嫌疑的国民自卫军,都相继被解散了。

颁布新的**新闻出版法**[80]、新的**结社法**、新的**戒严法**;巴黎各监狱关满囚犯,政治流亡者被驱逐出境,一切超出《国民报》限度的报刊都被查封;里昂及其邻近五个省被迫服从军人的粗暴专横的统治;检察机关无处不在;已经受过多次清洗的大批公职人员再次受到清洗——这都是获得胜利的反动派必不可少和经常重复的**惯用手法**,其所以在六月大屠杀和六月放逐后还值得一提,只是因为这次它们不单是用来对付巴黎,而且也用来对付外省,不单是用来对付无产阶级,而且首先是用来对付中等阶级。

国民议会在6月、7月和8月间的全部立法活动,都是在忙于制定各种镇压的法律,这些法律把宣布戒严的权力交给了政府,对报刊的控制更严,取消了结社权。

可是,这一时期的特点不是在**事实**上利用胜利,而是在**原则**上利用胜利;不是国民议会通过各种决议,而是为这些决议寻找理由;不是行动,而是词句;甚至不是词句,而是使词句显得生动的腔调和手势。放肆无耻地表露**保皇主义信念**,以盛气凌人的狂妄态度对共和国进行侮辱,卖弄而轻浮地道出复辟的目的,一句话,大言不惭地破坏**共和主义的体面**,这就使这一时期具有特殊的音调和色彩。"宪法万岁!"是6月13日的**失败者**的战斗口号。因此,**胜利者**也就不必虚情假意地去讲什么宪制的即共和主义的言辞了。反革命战胜了匈牙利、意大利和德国,所以他们认为复辟的日子在法国很快就要到来。秩序党各派头头们之间发生了真正的竞争,竞相在《通报》[41]上表白自己的保皇立场,坦白、忏悔他们在君主制时期无意间犯下的自由主义罪行,恳求上帝与人们宽恕。每天都有人在国民议会讲坛上宣布二月革命是社会的灾难,每天都有外省的正统派地主庄严地宣称自己从未承认过共和国,每天都有一个背弃和出卖了七月王朝的懦夫追述自己的英雄勋业,说只是因为路易-菲力浦的仁慈或其他的误会才妨碍了这种英雄勋业的实现。似乎在二月事变中令人惊叹的,竟不是获得胜利的人民的宽宏大量,反而是保皇派表现出的自我牺牲与温和态度,让人民取得了胜利。有一位人民代表提议把二月事变负伤人员抚恤金发一部分给**市近卫军**,因为他们是二月事变时唯一有功于祖国的。另一位代表提议在卡鲁塞尔广场建立奥尔良公爵骑像。梯也尔称宪法是一片脏纸。在讲坛上有奥尔良党人相继发言,痛悔自己曾阴谋反对正统王朝;同时又有正统主义者相继发言,责备自己,说他们对非正统王朝的反抗加速了整个王朝的倾覆；梯也尔痛悔他曾阴谋反对摩莱,摩莱痛悔他曾阴谋反对基佐,巴罗则痛悔他曾阴谋反对他们三个人。"社会民主共和国万岁!"这一口号被宣布为违反宪法的口号;"共和国万岁!"这一口号则被视为社会民主主义的口号而受到追究。在滑铁卢会战的周年纪念日,有一个议员宣称:"我对于普鲁士人侵入法国,不像对于革命流亡者进入法国那样害怕。"为了回答人们对里昂及其邻近各省实行的恐怖政治的怨言,巴拉盖·狄利埃说道:"我宁愿要白色恐怖而不愿要红色恐怖。"(J'aime mieux la terreur blanche que la terreur rouge.)① 每当国民议会的发言者说出反对共和国、反对革命、反对宪法、拥护君主国、拥护神圣同盟的警句时,全场都报以狂热的掌声。每当共和派的惯常做法——哪怕是微不足道的做法,例如用"公民"称呼议员——被违反时,那些维护秩序的骑士们都会欢欣鼓舞。

7 月 8 日在戒严影响下以及在无产阶级大部分人拒绝投票的情况下举行的巴黎补充选举,法国军队占领罗马,红衣主教们进入罗马[81],以及随之而来的宗教裁判所[82]和僧侣恐怖——这一切都给 6 月的胜利添上新的胜利,使秩序党更加陶醉了。

最后,8 月中旬,保皇派宣布国民议会休会两个月,一方面是为了要出席那些刚刚召集的各省议会,另一方面是由于一连数月的帮派闹宴弄得他们精疲力竭。他们以明显的嘲弄态度,留下了一个由 25 个议员组成的委员会作为国民议会的代理人,作为**共和国的守卫者**,其中包括正统派和奥尔良派的精英,如摩莱与尚加尔

---

① 阿·巴拉盖·狄利埃《1849 年 7 月 7 日在国民议会的演说》,载于 1849 年 7 月 8 日《总汇通报》第 189 号。——编者注

涅。这种嘲弄比他们所料想的还要意味深长。他们先是历史注定要去帮助推翻他们心爱的君主国,后来又历史注定要去维护他们所憎恶的共和国。

随着立法议会的**休会**,**立宪共和国生命的第二个时期**,即其**保皇主义猖狂时期也就结束了**。

巴黎的戒严解除了,报刊恢复了。在社会民主主义报纸停刊期间,在实行镇压措施与保皇主义嚣张期间,**立宪君主派小资产者**的老的代言者《世纪报》[83]**共和主义化了**;**资产阶级改革派**的老的喉舌《新闻报》[84]**民主主义化了**,而**共和派资产者**的老的典型机关报《国民报》则**社会主义化了**。

公开的俱乐部变得难以存在,**秘密团体**也就越来越多,越来越强了。被视为纯商业团体而容许存在并且在经济上无所作为的产业**工人协会**,在政治上对无产阶级起了纽带的作用。6 月 13 日把各种半革命党派的正式首脑除掉了,而留下的群众却有了他们自己的头脑。那些维护秩序的骑士们以预言红色共和国的恐怖来吓唬人,但是获得胜利的反革命在匈牙利、巴登和罗马的卑鄙的兽行和无以复加的残暴手段,已经把"**红色共和国**"洗成了白色。法国社会的心怀不满的中间阶级,开始觉得与其接受实际上完全无望的红色君主国的恐怖,还不如接受未必会带来恐怖的红色共和国的诺言。在法国,没有一个社会主义者比**海瑙**进行了更多的革命宣传。按工效定能力!

这时,路易·波拿巴利用国民议会休会到外省去作隆重的巡游,最热忱的正统派跑到埃姆斯去参拜圣路易的后裔[85],而大批亲近秩序党的议员则在刚召开的各省议会中进行阴谋活动。必须使各省议会说出国民议会多数派还不敢说的话,即提出**立刻修改宪**

法的紧急动议。依据宪法,只有在 1852 年专门为修改宪法而召集的国民议会上才能修改宪法。但是,如果大多数省议会主张修改宪法的话,难道国民议会还不应当听听法国的呼声而牺牲宪法的贞操吗?国民议会对这些省议会的期望,同伏尔泰的《亨利亚德》中的修女们对潘都尔兵**86**的期望一样。但是,除了少数例外,国民议会的波提乏们在外省碰到了为数不少的约瑟①。绝大多数人都不愿理会这种令人厌烦的诱导。阻碍修改宪法的,正是本该用来实现修改宪法的工具本身:各省议会的表决。法国,并且是资产阶级的法国,已经发表了意见,发表了反对修改宪法的意见。

10 月初,立法国民议会复会——但它是多么不同了啊![tantum mutatus ab illo!]②它的面貌已经完全改变。各省议会出人意料地不同意修改宪法,这就使国民议会回到了宪法的界限内,并且向它提示了它生存的界限。奥尔良派因正统派前往埃姆斯参拜而发生猜疑,正统派则因奥尔良派跟伦敦来往**87**而疑虑重重,两派的报纸都已经把火煽旺了,衡量了各自的王位追求者的相互要求。奥尔良派和正统派一致怨恨波拿巴派的阴谋,这些阴谋表现于总统的隆重巡游,表现于他那或多或少露骨的、想要摆脱宪法束缚的企图,以及波拿巴派报纸的傲慢论调;路易·波拿巴则怨恨国民议会只承认正统派和奥尔良派有理由进行秘密活动,并怨恨内阁经常把他出卖给这个国民议会。最后,内阁本身在对罗马的政策问题上,以及在由**帕西**部长提议的而被保守派骂做是社会主义性质的**所得税**问题上发生了分裂。

---

① 参看《旧约全书·创世记》第 39 章。——编者注
② 维吉尔《亚尼雅士之歌》。——编者注

巴罗内阁向重新召开的立宪议会提出的第一批议案之一,就是要求拨款 30 万法郎给**奥尔良公爵夫人**作为寡妇抚恤金。国民议会同意了这个要求,又在法兰西民族负债簿上增添了 700 万法郎的数目。这样,路易-菲力浦就继续成功地扮演着"pauvre honteux"——羞羞答答的乞丐,而内阁却不敢向议会提议增加波拿巴的薪俸,议会看来也不愿批准,于是路易·波拿巴又像以往那样处于进退两难的境地:**要么做凯撒,要么进债狱!**[88]

内阁的第二个拨款要求是提供 900 万法郎来弥补**罗马远征费用**,这更加剧了波拿巴这一方同内阁和国民议会那一方之间的紧张关系。路易·波拿巴在《通报》上公布了他写给侍卫官埃德加·奈伊的一封信。在这封信中,他以一些宪法上的保证约束教皇政府。教皇①则发表了一个训谕,即"出乎真意"[89],拒绝对自己的已经恢复的权力加任何限制。波拿巴的信有意透露内情,撩开了他的内阁的帷幕,使他自己能在戏院顶层楼座观众面前显现为一个心地善良的,但是在自己家里不被了解和受着束缚的天才。他以"自由心灵渴望振翼飞腾"②的神情来讨好卖俏,已不是第一次了。委员会的报告人**梯也尔**完全忽略了波拿巴的振翼飞腾,而只限于把教皇的训谕译成法文。企图为总统挽回面子而提议国民议会对拿破仑的信表示赞同的并不是内阁,而是**维克多·雨果**。"**够了!够了!**"——多数派以这种无礼而轻率的喊声埋葬了雨果的提案。总统的政策? 总统的信? 总统自己?"**够了!够了!**"谁会对波拿巴先生的话信以为真呢? 维克多·雨果先生,难道您以

——————————

① 庇护九世。——编者注

② 见格·海尔维格《一个活人的诗》。——编者注

为我们相信您,认为您真正相信总统吗?"**够了!够了!**"

最后,波拿巴与国民议会之间的决裂,又因对**召回奥尔良王室和波旁王室**议案的讨论而加速了。总统的堂弟①,前威斯特伐利亚国王的儿子,乘内阁没有出席时,向议院提出了这个提案,目的不外是要把正统派和奥尔良派的王位追求者摆到与波拿巴派的王位追求者不相上下的地位,或者更确切地说,摆到**低于**波拿巴派王位追求者的地位,因为后者至少在事实上是站在国家政权的顶峰。

拿破仑·波拿巴居然无礼到如此地步,竟把**召回被放逐国外的王室与大赦六月起义者**合成了一个提案。多数派的愤怒迫使他立即为自己将神圣的东西与可恶的东西、王室血统与无产者败类、社会的恒星与社会的沼泽游火亵渎地混为一谈而表示歉意,并使这两个提案各自得到应有的地位。多数派断然否决了召回王室的提案,而**贝里耶**这位正统派的狄摩西尼,更是透彻地阐述了这次投票的意义。把各个王位追求者贬为普通公民——这就是所要追求的目的! 有人居然想要夺去他们身上的圣光,夺去他们剩下的最后一点尊严,**流亡国外的尊严!** 贝里耶喊叫道:如果有哪个王位追求者忘记了他的尊贵的出身,回到法国来只是为了以普通的私人身份生活的话,那人家会怎样看待他! 这就再明显不过地告诉了路易·波拿巴,他靠目前的状况什么也没有赢得,而联合的保皇派需要他在法国这里作为一个**中立人物**坐在总统位子上,则是因为俗人的目光无法透过流亡的云雾认清真正的王位追求者。

11 月 1 日,路易·波拿巴以一件咨文回敬了立法议会,咨文用颇为粗暴的言辞通知说,他已撤销巴罗内阁并成立新内阁。巴

---

① 拿破仑·波拿巴亲王。——编者注

罗—法卢内阁是保皇派联盟的内阁,而奥普尔内阁则是波拿巴的内阁,是总统反对立法议会的工具,是**听差内阁**。

波拿巴已经不只是1848年12月10日的**中立人物**了。他掌握行政权,从而成为一定利益的中心。反无政府状态的斗争使得秩序党本身不得不加强波拿巴的势力,而且如果说他已经不再得人心了,那么秩序党本来就不得人心。难道他不能指望,由于奥尔良派与正统派的竞争,以及某一君主复辟的必要性,将会迫使这两派承认**中立的王位追求者**吗?

从1849年11月1日开始了立宪共和国生命的第三个时期,这一时期于1850年3月10日结束。宪法机构间那种受到基佐如此赞美的习见的把戏,即行政权与立法权间的争端已经开始了。但是并不止于这一点。波拿巴反对联合起来的奥尔良派和正统派的复辟欲望而维护自己实际政权的名义——共和国;秩序党反对波拿巴的复辟欲望而维护自己共同统治的名义——共和国;正统派反对奥尔良派,奥尔良派反对正统派而维护现状——共和国。秩序党中所有这些集团各自心里都有自己的国王,自己的复辟意图,同时又都为了反对自己对手的篡夺和谋叛的欲望而坚持资产阶级的共同统治,坚持使各种特殊的要求得以互相抵消而又互相保留的形式——**共和国**。

康德认为,共和国作为唯一合理的国家形式,是实践理性的要求,是一种永远不能实现但又是我们应该永远力求实现和牢记在心的目标。同样,这些保皇派也正是这样对待**君主国**的。

这样,立宪共和国从资产阶级共和党人手中产生出来时本来是一个空洞的意识形态的公式,而落到联合保皇派手中时就成了一个内容充实的生动的形式了。当梯也尔说“我们保皇派是立宪共和国的真正支柱"①时,他没有料想到他的话里包含有这么多的真理。

联合内阁的倒台和听差内阁的登台还有另外一个意义。新内阁的财政部长是**富尔德**。让富尔德当财政部长,就等于把法国的国民财富正式交付给交易所,通过交易所并且为了交易所的利益来管理国家财产。金融贵族在《通报》上宣布了对富尔德的任命,同时也就宣布了自己的复辟。这个复辟必然成为其余各种复辟的补充,而且与它们一起构成立宪共和国链条中的各个环节。

路易-菲力浦从来不敢任命真正的交易所豺狼为财政大臣。正如他的君主国是资产阶级上层的统治的理想名称一样,在他的各届内阁中,特权的利益必定要带着表明没有利害关系的意识形态的名称。在所有的领域,资产阶级共和国都把各种君主国——正统王朝的和奥尔良的君主国——隐藏在后台的东西推到了前台。它把君主国捧到天上去的东西都降到地上来了。它用表明统治阶级利益的资产阶级专有名称代替了圣徒的名称。

我们的全部叙述都已经表明,共和国从它存在的头一天起就不仅没有推翻金融贵族,反而巩固了它的地位。但是,它对金融贵族的让步,是违反本意而屈从命运的。富尔德一上任,政府的主动权又回到了金融贵族手中。

有人会问,联合的资产阶级怎么能忍受和容许在路易-菲力浦时期以排斥或支配资产阶级其余各个集团为基础的金融贵族的统治呢?

---

① 阿·梯也尔《1850 年 2 月 23 日在国会议会的演说》,载于 1850 年 2 月 24 日《总汇通报》第 55 号。——编者注

答案很简单。

首先,金融贵族本身在保皇派联合势力内部形成了一个举足轻重的集团,这个联合势力的共同的统治权力称为共和国。难道奥尔良派中的演说家和专门人才不是金融贵族昔日的同盟者和同谋者吗?难道金融贵族本身不是奥尔良派的黄金军团吗?至于正统派,他们早在路易-菲力浦时期就已经实际参加了交易所、矿山和铁路投机生意的全部闹宴。一般来说,大地产与金融贵族结成联盟,是一种**正常现象。英国**就是一个证明,甚至**奥地利**也是证明。

在法国,国民生产水平与国家债务相比是低得不相称的,国债是投机生意的最重要的对象,而交易所是希图以非生产方法增殖的资本的主要投资市场。在这样一个国家里,整个资产阶级和半资产阶级中的数不尽的人,不能不参与国家的借贷活动、交易所投机生意和金融活动。所有参与这些活动的二流人物,不正是把那个在很大的范围内整个地代表着同一利益的集团,视为他们的天然靠山和首脑吗?

国家财产落到金融贵族手中的原因何在呢?就在于有增无已的国家负债状态。而这种国家负债状态的原因何在呢?就在于国家支出始终超过收入,在于失衡,而这种失衡既是国债制度的原因又是它的结果。

为了摆脱这种负债状态,国家必须限制自己的开支,即精简政府机构,管理尽可能少些,官吏尽可能少用,尽可能少介入市民社会方面的事务。秩序党[22]是不可能走这条道路的,因为秩序党的统治和它那个阶级的生存条件越是受到各方面的威胁,它就越是必须加强它的镇压措施,加强它的由国家出面的官方干涉,加紧通过国家机关来显示自己的无所不在。对人身和财产的侵犯越是日益频繁,宪兵人数就越是不能减少。

或者,国家必须设法避免借款,把**特别税**加在最富裕的阶级身上而使预算立即得到哪怕是暂时的平衡。但是秩序党难道会为了使国民财富摆脱交易所剥削,而把他们自己的财富献上祖国的祭坛吗? 它没有这么傻!

总之,如果没有法兰西国家的根本变革,就决不会有法兰西国家财政上的变革。而与国家财政必然联系着的是国家债务,与国家债务必然联系着的是国债投机买卖的统治,是国债债权人、银行家、货币经营者和交易所豺狼的统治。秩序党中只有一个集团同金融贵族的垮台有直接利害关系,这就是**工厂主**。我们所指的既不是中等的也不是小的工业家,而是在路易-菲力浦统治下构成王朝反对派广大基础的工业巨头。他们的利益无疑是要求减少生产费用,从而也就是要求减少列入生产费用项下的捐税,也就是减少国债,因为国债的息金已列入捐税项下,所以,他们的利益是要求金融贵族垮台。

在英国——法国最大的工厂主与他们的英国对手比起来都是小资产者——我们确实看到工厂主,例如某个科布顿或布莱特,带头对银行和交易所贵族举行十字军征讨。为什么在法国没有这种情形呢? 在英国占统治地位的是工业,而在法国占统治地位的是农业。在英国,工业需要自由贸易,而在法国,工业则需要保护关税,除需要其他各种垄断外还需要国家垄断。法国工业并不支配法国生产,所以法国工业家并不支配法国资产阶级。他们为了自己的利益不受资产阶级其他集团的侵犯,就不能像英国人那样站在运动的前头,并把自己的阶级利益提到第一位;他们必须跟随在革命后头,并为那些同他们阶级的整体利益相反的利益服务。在

2 月间,他们没有了解自己的地位,但 2 月已使他们学乖了。还有谁比雇主,即工业资本家更直接受到工人的威胁呢?所以在法国,工厂主必然成为秩序党中最狂热的分子。诚然,**金融巨头是在削减他们的利润,但是这和无产阶级消灭利润比起来,又算得了什么呢**?

在法国,小资产者做着通常应该由工业资产者去做的事情;工人完成着通常应该由小资产者完成的任务;那么工人的任务又由谁去解决呢?没有人。它在法国解决不了,它在法国只是被宣布出来。它在本国范围内的无论什么地方都不能解决;法国社会内部阶级间的战争将要变成各国间的世界战争。只有当世界战争把无产阶级推到支配世界市场的国家的领导地位上,即推到英国的领导地位上的时候,工人的任务才开始解决。革命在这里并没有终结,而是获得有组织的开端,它不是一个短暂的革命。现在这一代人,很像那些由摩西带领着通过沙漠的犹太人。他们不仅仅要夺取一个新世界,而且要退出舞台,以便让位给那些能适应新世界的人们。

我们回过来说富尔德吧。

1849 年 11 月 14 日,富尔德登上国民议会的讲坛,说明他的财政制度:赞扬旧税制!保留葡萄酒税[71]!撤回帕西关于征收所得税的提案!

帕西也不是革命家,他是路易-菲力浦的一个老大臣。他是杜弗尔一类的清教徒[61],是七月王朝的替罪羊戴斯特①的密友。帕

_____

① 恩格斯在 1895 年版上加了一个注:"1847 年 7 月 8 日,在巴黎贵族院里开始了对于帕芒蒂耶和居比耶尔将军(被控贿赂官吏以图取得盐场特权)以及当时的公共工程大臣戴斯特(被控收受前两人的贿赂)的审判案。后者在受审时企图自杀。三个人都被判处很重的罚金。戴斯特除罚金外还被判处了三年徒刑。"——编者注

西也曾称赞旧税制,也曾提议保留葡萄酒税,但同时他又揭开了蒙在国家赤字上的面纱。他宣称,如果不想让国家破产,就必须征收一种新税——所得税。曾经劝告赖德律-洛兰宣布国家破产的富尔德,现在又劝告立法议会保留国家赤字。他答应节约,而这种节约的秘密后来暴露出来了:例如,开支减少了 6 000 万法郎,而短期债款却增加了 2 亿法郎,这只是数字分类和决算上的一些戏法,结果都归结于举借新债。

在富尔德任期内,由于金融贵族身旁有其他一些心怀忌妒的资产阶级集团,所以它当然就不像在路易-菲力浦统治时期那样无耻腐败。但是制度还是照旧:国家债务不断增加,财政赤字被掩饰起来。渐渐地,旧日的交易所欺诈行为就更加露骨地表现出来了。证据是:关于阿维尼翁铁路的法律;一时成为巴黎全市议论话题的国债券行市令人莫测的涨跌;最后,还有富尔德和波拿巴在 3 月 10 日选举中没有成功的投机。

在金融贵族正式复辟以后,法国人民势必很快就重新回到 2 月 24 日前的境况了。

制宪议会为了发泄对自己的继承人的仇恨,废除了 1850 年度的葡萄酒税。旧税既已废除,新债就无法偿付了。秩序党中的一位白痴**克雷通**还在立法议会休会以前,就提议要保留葡萄酒税。富尔德以波拿巴派内阁的名义采纳了这个提议,而在 1849 年 12 月 20 日,即波拿巴宣布总统就职一周年纪念日,国民议会颁令**恢复葡萄酒税**。

竭力为这次恢复葡萄酒税作辩护的不是一位金融家,而是耶稣会[65]首领**蒙塔朗贝尔**。他的论据简单明了:赋税,这是喂养政府的母乳;政府,这是镇压的工具,是权威的机关,是军队,是警察,是官吏、法官和部长,是**教士**。攻击赋税,就是无政府主义者攻击秩序卫士,而秩序卫士是保卫资产阶级社会的物质生产和精神生产不受无产阶级野蛮人侵犯的。赋税,这是与财产、家庭、秩序和宗教相并列的第五位天神。而葡萄酒税无疑是一种赋税,并且不是一种寻常的赋税,而是一种由来已久的、浸透君主主义精神的、可敬的赋税。葡萄酒税万岁!万岁,万岁,万万岁!

法国农民想象魔鬼的时候,就把他想象成税吏。自从蒙塔朗贝尔把赋税尊崇为天神的时候起,农民就变成不信神的人,变成无神论者,并投到魔鬼即**社会主义**怀抱里去了。秩序的宗教轻率地失去了农民,耶稣会会士轻率地失去了农民,波拿巴轻率地失去了农民。1849年12月20日不可挽回地断送了1848年12月20日的名声。"伯父的侄子"并不是他的家族中受葡萄酒税,即受蒙塔朗贝尔所说的预示着革命风暴的赋税之害的第一个人。真正的伟大的拿破仑在圣赫勒拿岛上曾经说过,恢复葡萄酒税是使他垮台的最大原因,因为这使法国南部的农民脱离了他。这项赋税在路易十四统治时期就已经是人民憎恨的主要对象了(见布阿吉尔贝尔和沃邦两人的著作①)。第一次革命废除了它,而拿破仑在1808年又把它改头换面重新施行起来。当复辟王朝进入法国时,为它开路的不仅有哥萨克骑兵,而且有废除葡萄酒税的诺言。当然,贵族阶级是不必履行他们对必须无条件纳税的人民许下的诺言的。1830年答应了废除葡萄酒税,可是根本没有行其所言和言其所行。1848年答应废除葡萄酒税,也如它答应了其他一切一

① 皮·布阿吉尔贝尔《法国详情》、《法兰西辩护书》、《论财富、货币和赋税的性质》,载于《18世纪的财政经济学家》,欧·德尔编,1843年巴黎版;塞·沃邦《王国什一税》1708年巴黎版。——编者注

样。最后，什么都没有答应过的制宪议会，如我们已经说过的，在自己的遗嘱中规定从 1850 年 1 月 1 日起废除葡萄酒税。但是恰巧在 1850 年 1 月 1 日前 10 天，立法议会又重新实行了葡萄酒税。这样，法国人民一个劲地驱逐这项赋税，但是刚把它从门口赶了出去，又看见它从窗口飞了进来。

人民普遍憎恨葡萄酒税，不是没有原因的：这项赋税集中了法国赋税制度的一切可憎之处。它的征收方式是可憎的，分摊方法是贵族式的，因为最普通的酒和最名贵的酒的税率全都一样。因此，消费者的财富越少，税额越是按几何级数增加；这是倒过来的累进税。它是对于伪造和仿造酒品的奖励，因而使劳动阶级直接受到毒害。这项赋税使人口在 4 000 人以上的城镇都在城门口设立税卡，使每一个城镇都变成以保护关税抵制法国酒的异邦，这样就减少了酒的消费量。大酒商，尤其是那些全靠卖酒为生的小酒商，所谓 marchands de vins，即酒店老板，都是葡萄酒税的死敌。最后，葡萄酒税使消费量减少，从而使产品的销售市场缩小。它既然使城市工人无力买酒喝，也就使酿造葡萄酒的农民无力把酒卖出去。而法国酿造葡萄酒的人数大约有 1 200 万。因此，一般百姓对于葡萄酒税的憎恨是可以理解的，而农民对于葡萄酒税的切齿痛恨也就尤其可以理解了。况且，他们不是把恢复葡萄酒税看做一个多少带有偶然性的孤立事件。农民具有一种父子相传的特有的历史传统，他们已从这一历史经验中形成了一种信念：任何一个政府要想欺骗农民时，就答应他们废除葡萄酒税，而当它一旦骗取了农民的信任时，就把葡萄酒税保留或恢复起来。农民根据葡萄酒税来鉴别政府的气味，判断政府的倾向。12 月 20 日恢复葡萄酒税的事实表明，**路易·波拿巴和别人是一样的**。但他过去和别人不一样,他本是**农民塑造出来的一个人物**,所以农民在有数百万人签名的反对葡萄酒税的请愿书中,把他们一年前投给"伯父的侄子"的选票收回去了。

占法国人口总数三分之二以上的农村人口,主要是所谓自由的**土地所有者**。他们的第一代人,由于 1789 年革命而无偿地免除了封建赋役,不付任何代价地取得了土地。但是,以后各代人却以**地价**形式偿付了他们那些半农奴式的祖先当时曾以地租、什一税、徭役等等形式偿付过的赋役。人口越增加,土地越分散,小块土地的价格也就变得越昂贵,因为这些小块土地分割得越零碎,对于它们的需求也就越大。但是农民购买小块土地的价钱越提高,**农民的负债程度**即**抵押程度**也就必然随着增大,不管这小块土地是由他直接买下的,还是作为资本由共同继承人分给他的,都是一样。加在土地上的债务,称为**土地抵押**,即土地典当。正如在中世纪大地产上积聚着**特权**一样,在现代的小块土地上积聚着**抵押权**。另一方面,在小块土地制度下,土地对于它的所有者来说纯粹是**生产工具**。但是土地的肥力随着土地被分割的程度而递减。使用机器耕作土地,分工制度,大规模的土壤改良措施,如开凿排水渠和灌溉渠等,都越来越不可能实行,而耕作土地的**非生产费用**却按照这一生产工具本身被分割的比例而递增。这一切情况,都与小块土地的所有者是否拥有资本无关。但是土地被分割的过程越发展,小块土地连同它那极可怜的农具就越成为小农的唯一资本,向土地投资的可能就越少,小农就越感到缺乏利用农艺学成就所必需的土地、金钱和学识,土地的耕作就越退步。最后,**纯收入**按照**总消费**增长的比例而相应减少,按照农民财产阻碍农民全家从事其他生计的程度而相应减少,然而这份财产已不能保障农民的生活。

这样一来,随着人口的增加和土地的不断被分割,**生产工具即土地**则相应地**昂贵**,**土地肥力**则相应地**下降**,**农业**则相应地**衰落**,**农民的债务**则相应地**增加**。而且,本来是结果的东西,反而成了原因。每一代人都给下一代人留下更多的债务,每一代新人都在更不利更困难的条件下开始生活,抵押贷款又产生新的抵押贷款,所以当农民已经不能再以他那一小块土地作抵押而借**新债**时,即不能再让土地担负新的抵押权时,他就直接落入**高利贷者**的手中,而**高利贷的利息**也就越来越大了。

这样,法国农民就以对**押地借款**支付利息的形式,以向**高利贷者的非抵押借款**支付利息的形式,不仅把地租,不仅把营业利润,总之,不仅把**全部纯收入**交给资本家,甚至把**自己工资的一部分**也交给资本家;这样他就下降到**爱尔兰佃农**的地步,而这全是在**私有者**的名义下发生的。

在法国,这个过程由于日益增长的**赋税负担和诉讼费用**而加速了。这种诉讼费用,一部分是法国法律对土地所有权所规定的许多手续本身直接引起的;一部分是地界相连和互相交错的小块土地的所有者之间的无数纠纷引起的;一部分是农民爱打官司引起的,这些农民对于财产的乐趣都归结于狂热地保卫想象的财产,保卫**所有权**。

根据 1840 年的统计资料,法国农业的总产值为 5 237 178 000 法郎。从这个总数中除去 355 200 万法郎的耕作费用,其中包括从事劳动的人的消费。余下来的净产值为 1 685 178 000 法郎,其中扣去 55 000 万法郎支付押地借款利息,1 亿法郎付给法官,35 000 万法郎用于赋税,10 700 万法郎用以支付公证费、印花税、典当税等等。原产值剩下的只有三分之一,合计为 578 178 000 法郎;按人口平均计算,每人还分不到 25 法郎的净产值。这项统计资料自然并没有把土地抵押以外的高利贷利息或律师费等估计在内。

　　现在当共和国在法国农民旧有的重担上又添加了新的负担时,农民的情况更是可想而知了。很明显,农民所受的剥削和工业无产阶级所受的剥削,只是在**形式**上不同罢了。剥削者是同一个：**资本**。单个的资本家通过**抵押**和**高利贷**来剥削单个的农民；资本家阶级通过**国家赋税**来剥削农民阶级。农民的所有权是资本迄今为止用来支配农民的一种符咒；是资本用来唆使农民反对工业无产阶级的一个借口。只有资本的瓦解,才能使农民地位提高；只有反资本主义的无产阶级的政府,才能结束农民经济上的贫困和社会地位的低落。**立宪共和国是农民的剥削者联合实行的专政；社会民主主义的红色**共和国是农民的同盟者的专政。而天平的升降要取决于农民投进票箱的选票。农民自己应该决定自己的命运。——社会主义者在各种各样的小册子、论丛、历书以及传单中,都是这样说的。这些语言已经由于秩序党[22]的论战文章而使农民更容易理解；秩序党也向农民呼吁,它随意地夸大、粗暴地歪曲和篡改社会主义者的意向和思想,因而恰好打中了农民的心坎,激起了农民尝食禁果[45]的渴望。但是最容易理解的语言是农民阶级在行使选举权时所获得的经验本身,是农民阶级在革命的急剧发展进程中接连遭到的失望。**革命是历史的火车头**。

　　农民逐渐发生的转变,已经表现出种种征兆了。它已表现于立法议会的选举,表现于里昂周围五个省的戒严,表现于六月十三日事变后几个月由吉伦特省选出一个山岳党人来代替无双议院[①]

---

① 恩格斯在1895年版上加了一个注："历史上一般这样称呼在1815年间紧接着拿破仑第二次退位后选出的那个极端保皇主义的和反动的众议院。"——编者注

的前任议长;表现于 1849 年 12 月 20 日由**加尔省**选出一个红色议员来代替一个去世的正统派的议员,**90** 而加尔省原是正统派的乐园,是 1794 年和 1795 年对共和党人施行最恐怖的暴行的地方,是 1815 年白色恐怖的中心,在这里公开杀害过自由主义者和新教徒。这个最守旧的阶级的革命化,在葡萄酒税恢复后表现得最明显了。1850 年 1 月和 2 月间政府所颁布的规定和法律,差不多完全是用来对付**外省**和**农民**的,这就是农民进步的最令人信服的证明。

奥普尔的通令,使宪兵被加封为省长、专区区长尤其是镇长的宗教裁判官,使密探活动向各地蔓延,直到穷乡僻壤;**教师法**,使身为农民阶级的专门人才、代言人、教育者和顾问的学校教师受省长任意摆布,使身为学者阶级中的无产者的学校教师从一个乡镇被赶到另一个乡镇,就像被追猎的野兽一样;**镇长法案**,在镇长们头顶上悬着一把免职的达摩克利斯剑,时时刻刻把他们这些乡村总统跟共和国总统和秩序党对立起来;**军令**,把法国 17 个军区改为四个帕沙辖区**91**,并把兵营和野营作为民族沙龙强加给法国人;**教育法92**,秩序党靠它来宣布法国的愚昧状态和强制愚化是该党在普选权制度下生存的条件——所有这一切法律和规定究竟是什么呢?就是拼命企图为秩序党重新赢得各省和各省农民。

作为**镇压措施**来看,这是一些使秩序党自己的目标落空的拙劣办法。重大的规定,如保留葡萄酒税**71**和保留四十五生丁税**43**,轻蔑地拒绝农民关于归还 10 亿法郎的请愿等等——这一切立法上的雷电一下子从中心大批袭来,使农民阶级感到震惊。上述各项法律和规定使攻击手段和反抗行动具有了**普遍的**性质,使它们成为每所茅舍中议论的中心话题,使革命感染每个农村,**把革命带**

到全国各地并使它农民化。

另一方面,波拿巴提出这些法案和国民议会通过这些法案,岂不是证明了立宪共和国的两个权力在镇压无政府势力方面,即在镇压奋起反对资产阶级专政的一切阶级方面,是协调一致的吗? 难道**苏路克**不是在发出了自己那个粗暴咨文[93]后,立刻又通过**卡尔利埃**——这个人是对富歇的一种卑劣庸俗的模仿,正如路易·波拿巴自己是对拿破仑的一种平庸的模仿一样——随后发出的公告[94]向立法议会保证他忠实于秩序吗?

教育法给我们指明了年轻的天主教徒和年老的伏尔泰主义者[66]之间的同盟。联合起来的资产者的统治,不是亲耶稣会的复辟王朝与卖弄自由思想的七月王朝的联合专制,又是什么呢? 资产阶级各个集团为争夺最高权力而彼此攻击时散发给人民的那些武器,在人民一旦跟他们的联合专政对立的时候,他们不是必定要再从人民手里夺过去吗? 任何事情,甚至连友好协议法案的被否决,也都没有比这种对**耶稣会教义**的谄媚更使巴黎小店主感到愤慨。

然而,秩序党各个集团之间的冲突,国民议会与波拿巴之间的冲突,还是照样继续着。使国民议会感到不高兴的,是波拿巴在发动政变之后,即在组成了自己的波拿巴派内阁之后,立即就把那些刚被任命为省长的王朝老朽无能之辈召来,要他们以鼓动连选他当总统的违宪活动作为他们任职的条件;使议会感到不高兴的,是卡尔利埃封闭了一个正统派的俱乐部来庆祝他的就职;使议会感到不高兴的,是波拿巴创办了他自己的报纸《拿破仑》[95],这家报纸向公众透露了总统的秘密欲望,而部长们却不得不在立法议会的讲坛上对此否认一番;使议会感到不高兴的,是波拿巴不顾议会历次的不信任投票,执意保留自己的内阁;使议会感到不高兴的,是波拿巴每天多发给军士四苏薪饷,企图以此讨好他们,同时又抄袭欧仁·苏的《巴黎的秘密》中的办法,即设立"信誉贷款银行",借以讨好无产阶级;最后,使议会感到不高兴的,是波拿巴无耻地通过部长们提议将剩下的六月起义者放逐到阿尔及尔,以使立法议会在很大程度上丧失人心,而总统自己却以实行个别赦免的办法来逐个笼络人心。**梯也尔**说了些关于"政变"和"冒险行动"①的威胁性的话,立法议会就对波拿巴进行报复,否决他为自身利益而提出的一切法案,对于他为公共利益而提出的一切法案则都以吵吵闹闹的怀疑态度予以审查,看波拿巴是不是企图通过加强行政权来扩大他个人的权力。一句话,立法议会**以轻蔑相待的阴谋进行了报复**。

使正统派方面感到烦恼的,是那班更能干的奥尔良派又夺走了几乎一切要职,是**中央集权制**的扩大,而他们是希望主要靠实行**地方分权**来获得成功的。的确,反革命在**用强力实行中央集权**,即为革命准备了一套机构。反革命甚至规定银行券强制流通,把法国的金银都集**中**于巴黎银行,因而就为革命建造了一个**现成的军用钱库**。

最后,使奥尔良派感到烦恼的,是他们那个旁系王朝的原则受到重新抬头的正统王朝原则的对抗,是他们自己经常受到他人的冷淡和鄙视,正像一个市民出身、地位低微的妻子受到自己贵族丈夫的冷淡和鄙视一样。

---

① "政变"原文为"coups d'état","冒险行动"原文为"coups de tête"。两词发音相近。——编者注

我们已经逐一考察过农民、小资产者、整个中间等级如何逐渐向无产阶级靠拢，如何迫于形势而同正式共和国公开敌对，如何被共和国当做敌人来对待。**反对资产阶级专政，要求改造社会，要把民主共和机构保存起来作为他们运动的工具，团结在作为决定性革命力量的无产阶级周围**——这就是**所谓社会民主派即红色共和国派**的一般特征。这个**无政府派**——如它的敌人所称呼的——正和**秩序党**一样，是各种不同利益的联合。从对旧社会的无秩序加以稍微改良到把旧社会的秩序推翻，从资产阶级自由主义到革命恐怖主义——这就是构成无政府派的起点和终点的两个极端间的距离。

废除保护关税！这就是社会主义，因为这样做就是要打破秩序党**工业**集团的垄断。整顿国家财政！这就是社会主义，因为这样做就是要打破秩序党**金融**集团的垄断。自由输入外国肉类与粮食！这就是社会主义，因为这样做就是要打破秩序党第三个集团即**大地产**集团的垄断。英国资产阶级最先进的派别即自由贸易派[96]的要求在法国也成了社会主义的要求。伏尔泰主义[66]！这就是社会主义，因为它攻击秩序党第四个集团即**天主教**集团。新闻出版自由、结社权利和普及国民教育就是社会主义，全都是社会主义！因为这一切都是要打破秩序党的整个垄断！

在革命进程中，形势成熟得这样快，连各种色彩的改良之友，要求极其温和的中等阶级，都被迫团结在最极端的主张变单的党的旗帜周围，团结在**红旗**周围。

可是，虽然无政府派的各个主要组成部分的**社会主义**，因本阶级或阶级集团的经济条件以及由此产生的整个革命要求不同而有所不同，但有**一点**是一致的，那就是宣布自己是**解放无产阶级的手**

段,而无产阶级的解放就是自己的**目的**。某些人是在故意骗人,而另一些人则是在自我欺骗,因为这些人以为,按照他们的需要加以改造的世界对于一切人来说都是最好的世界,是一切革命要求的实现和一切革命冲突的扬弃。

在**无政府派**的声调大致相同的**一般**社会主义词句下面,隐藏着《国民报》[36]、《新闻报》[84] 和《世纪报》[83] 的**社会主义**,这种社会主义大体上一贯要求推翻金融贵族的统治而使工业和交易摆脱历来的束缚。这是工业、商业和农业的社会主义,这三者的利益由于同秩序党中工业、商业和农业巨头的私人垄断不再相符而被这些巨头摒弃了。这种**资产阶级社会主义**,和任何一种社会主义的变种一样,自然也吸引了一部分工人和小资产者。跟这种资产阶级社会主义不同的是本来意义的社会主义,即**小资产阶级社会主义**,地道的社会主义。资本主要以**债权人**的身份来迫害这个阶级,所以这个阶级要求设立**信贷机关**;资本以**竞争**来扼杀它,所以它要求设立由国家支持的**协作社**;资本以**积聚**来战胜它,所以它要求征收**累进税**、限制继承权并由国家兴办大型工程以及采取其他各种**强力抑止资本增长**的措施。既然它梦想和平实现自己的社会主义——至多允许再来一次短促的二月革命,那么它自然就把未来的历史进程想象为正在或已经由社会思想家协力或单独设计的种种**体系的实现**。于是这些思想家就成为各种现有社会主义**体系**,即**空论的社会主义**的折中主义者或行家,这种社会主义只有在无产阶级尚未发展为自由的历史的自主运动的时候,才是无产阶级的理论表现。

这种**乌托邦**,这种**空论的社会主义**,想使全部运动都服从于运动的一个阶段,用个别学究的头脑活动来代替共同的社会生产,而主要是幻想借助小小的花招和巨大的感伤情怀来消除阶级的革命斗争及其必要性;这种空论的社会主义实质上只是把现代社会理想化,描绘出一幅没有阴暗面的现代社会的图画,并且不顾这个社会的现实而力求实现自己的理想。所以,当无产阶级把这种社会主义让给小资产阶级,而各种社会主义首领之间的斗争又表明每个所谓体系都是特意强调社会变革中的某一个过渡阶段而与其他各个阶段相对抗时,**无产阶级**就日益团结在**革命的社会主义**周围,团结在被资产阶级用**布朗基**来命名的**共产主义**周围。这种社会主义就是**宣布不断革命**,就是无产阶级的**阶级专政**,这种专政是达到**消灭一切阶级差别**,达到消灭这些差别所由产生的一切生产关系,达到消灭和这些生产关系相适应的一切社会关系,达到改变由这些社会关系产生出来的一切观念的必然的过渡阶段。

由于本文叙述范围所限,我们不能更详细地来讨论这个问题。

我们已经看到:正如在**秩序**党中必然是**金融贵族**占据领导地位一样,在**无政府派**中也必然是**无产阶级**占据领导地位。当结成革命联盟的各个不同阶级在无产阶级周围聚集起来的时候,当各省变得越来越不稳定,而立法议会本身越来越埋怨法国的苏路克所提的要求时,延搁已久的为填补6月13日被逐的山岳党人空缺而安排的补缺选举临近了。

备受敌人轻视而又时刻遭到假朋友欺凌的政府,认为只有一个办法可以摆脱这种令人讨厌和摇摇欲坠的境况,这个办法就是**暴动**。只要巴黎发生暴动,政府就可以在巴黎和各省宣布戒严,从而操纵选举。另一方面,当政府战胜无政府势力之后,秩序之友如果不愿意让自己扮演无政府主义者的话,就不得不对政府让步。

于是政府就着手工作。1850年2月初,政府砍倒了自由之树[97]，以此向人民挑衅。结果是徒劳。如果说自由之树丧失了安身之所，那么政府自己也已弄得张皇失措，并被它自己的挑衅吓倒了。国民议会则以冷冰冰的不信任态度对待波拿巴这种妄求解脱的拙劣企图。从七月纪念柱[98]上取走不谢花花环，也没有收到更大的成效。这在一部分军队中引起了革命示威游行，并使国民议会找到借口，用或多或少隐蔽的方式对内阁投不信任票。政府报刊以废除普选权和哥萨克骑兵入侵来进行恫吓，也是徒劳。奥普尔在立法议会中向左翼分子直接挑战，要他们上街，并说政府已准备好对付他们，也没有奏效。奥普尔接到的只是议长要他遵守秩序的命令，而秩序党则在暗中幸灾乐祸，听凭一位左翼议员对波拿巴的篡夺欲望进行嘲弄。最后，政府预言 **2 月 24 日**将发生革命，也是枉然。政府的所作所为使得人民在 2 月 24 日采取冷漠的态度。

无产阶级没有受人挑动去进行**暴动**，因为他们正准备**革命**。

政府的种种挑衅行为只是加强了对现状的普遍不满，并没有能阻止完全处于工人影响下的选举委员会为巴黎提出下列三位候选人：**德弗洛特**、**维达尔**和**卡诺**。**德弗洛特**是六月被放逐者，只因波拿巴有一次企图笼络人心才获得赦免；他是布朗基的朋友，曾经参加过 5 月 15 日的谋杀行动。**维达尔**是共产主义作家，以《论财富的分配》①一书闻名；他曾在卢森堡宫委员会当过路易·勃朗的秘书。**卡诺**是一位从事过组织工作并赢得胜利的国民公会议员的儿子，《国民报》派中威信丧失得最少的成员，临时政府和执行委员会的教育部长，因为提出民主主义的人民教育法案而成了对抗

---

① 弗·维达尔《论财富的分配，或论社会经济的公正分配》1846 年巴黎版。——编者注

耶稣会会士的教育法的活生生的象征。这三个候选人代表着三个
互相结成同盟的阶级:为首的是一个六月起义者,革命无产阶级的
代表;其次是一个空论社会主义者,社会主义小资产阶级的代表;
最后,第三个候选人是资产阶级共和派的代表,这一派的民主主义
公式在与秩序党的冲突中获得了社会主义的意义而早已失去了它
本来的意义。这就**像在 2 月那样,是为反对资产阶级和政府而结
成的普遍联合。但这一次无产阶级是革命联盟的首脑。**

　　一切反对都是枉然,社会主义的候选人都取得了胜利。甚至
军队也投票表示拥护六月起义者而反对自己的那个陆军部长**拉伊
特**。秩序党吓得如同遭到五雷轰顶。各省的选举没有给它带来安
慰:选举结果是山岳党获得多数票。

　　1850 年 3 月 10 日的选举! 这是 **1848 年六月事件的翻案**:那
些屠杀和放逐过六月起义者的人回到了国民议会,但他们是低声
下气地跟随着被放逐者并且嘴里喊着后者的原则回来的。**这是
1849 年六月十三日事件的翻案**:曾被国民议会赶走的山岳党回到
了国民议会,但它回来时已不再是革命的指挥官,而是革命的先头
司号兵了。**这是十二月十日事件的翻案**:拿破仑以他的部长拉伊
特为代表落选了。法国议会史中只有过一次类似的情形:查理十
世的大臣奥赛在 1830 年落选。最后,1850 年 3 月 10 日的选举,是
使秩序党获得多数票的 5 月 13 日选举的翻案;3 月 10 日的选举,
是对 5 月 13 日的多数票的抗议。3 月 10 日是一次革命。隐藏在
选票后面的是铺路石①。

─────────────

① 暗指武装起义,因当时巴黎起义者经常利用铺路石来构筑街垒。──
　　编者注

"3 月 10 日的投票是一场战争。"①秩序党的最极端分子之一赛居尔·达居索这样高声叫道。

立宪共和国随着 1850 年 3 月 10 日进入了一个新阶段,即**解体的阶段**。多数派方面的各个集团又互相联合起来,并与波拿巴联合起来了;他们来拯救秩序,而波拿巴又成了他们的**中立人物**。如果他们想起自己是保皇派,那只是因为他们对资产阶级共和国的可能性已感到绝望了;如果波拿巴想起他是王位追求者,那只是因为他对自己继续做总统的可能性感到绝望了。

为了回答六月起义者**德弗洛特**的当选,波拿巴在秩序党的指挥下任命曾对布朗基和巴尔贝斯、赖德律-洛兰和吉纳尔提起诉讼的**巴罗什**当内务部长。为了回答**卡诺**的当选,立法议会通过了教育法;为了回答**维达尔**的当选,当局扼杀了社会主义的报刊。秩序党企图以自己报刊②的喇叭声来驱走自己的恐惧。"剑是神圣的。"它的一个刊物这样叫道。"秩序的保卫者应该对红党发起进攻。"另一个刊物这样声明。"在社会主义与社会之间进行着一场你死我活的决斗,一场不停息的无情的战争;在这场殊死战中,双方必有一方灭亡;如果社会不消灭社会主义,那么社会主义就要消灭社会。"秩序的第三只雄鸡这样叫道。③ 筑起秩序的街垒、宗教的街垒、家庭的街垒来吧! 一定要把巴黎的 127 000 个选民收拾掉! 给社会主义者带来一个巴托洛缪之夜[99]! 而秩序党在刹那间

① 雷·约·保·塞居尔·达居索《1850 年 3 月 16 日在国民议会的演说》,载于 1850 年 3 月 17 日《总汇通报》第 76 号。——编者注
② 秩序党的报刊指《祖国报》。——编者注
③ 马克思可能引自 1850 年 3 月 17 和 18 日《人民之声报》第 166 和 167 号。——编者注

确实相信它准能获得胜利。

它的各个报刊攻击得最猛烈的是"**巴黎的小店主**"。巴黎的小店主居然把巴黎的六月起义者选举为自己的代表！这就是说，1848 年 6 月不会重演了；这就是说，1849 年 6 月 13 日不会重演了；这就是说，资本的道义影响已经被摧毁了；这就是说，资产阶级议会只代表资产阶级了；这就是说，大所有制陷入绝境了，因为它的陪臣，即小所有制已经到一无所有者的阵营中去寻求解救了。

秩序党自然要重弹它那非弹不可的**老调**。"加强镇压！"它高声叫道，"**把镇压加强十倍！**"但是它的镇压力量已减少了十倍，而它受到的反抗却增强了百倍。难道最主要的镇压工具——军队本身不需要镇压吗？于是秩序党就说出了它的最后结论："必须粉碎窒息着我们的合法性的铁环。**立宪共和国太不成体统了**。我们一定要运用自己的真正武器来作战。自 1848 年 2 月以来，我们总是用**革命**的武器并在**革命**的基地上同革命作战，我们接受了**革命的机构**；宪法是保护围攻者而不是保护被围攻者的堡垒！我们藏在特洛伊木马**100**的肚子里潜入了神圣的伊利昂城，但我们并不是像我们的祖先**希腊人**①那样潜入的，我们没有占领敌人的城池，反而使自己成了俘虏。"

可是宪法的基础是**普选权**。**废除普选权**——这就是秩序党的最后结论，资产阶级专政的最后结论。

在 1848 年 5 月 4 日、1848 年 12 月 20 日、1849 年 5 月 13 日、1849 年 7 月 8 日，普选权承认秩序党和资产阶级专政是对的。

---

① 恩格斯在 1895 年版上加了一个注："这是双关语，原文 grecs 意为'希腊人'，但同时也有'职业骗子'的意思。"——编者注

而在 1850 年 3 月 10 日，普选权则承认自己是错的。把资产阶级统治看做普选权的产物和结果，看做人民主权意志的绝对表现——这就是资产阶级宪法的意义。但是，当这种选举权，这种主权意志的内容已不再归结为资产阶级统治的时候，宪法还有什么意义呢？难道资产阶级的责任不正是要调整选举权，使它合乎理性，即合乎资产阶级的统治吗？普选权一再消灭现存国家权力而又从自身再造出新的国家权力，不就是消灭整个稳定状态，不就是时刻危及一切现存权力，不就是破坏权威，不就是威胁着要把无政府状态本身提升为权威吗？在 1850 年 3 月 10 日之后，谁还会怀疑这一点呢？

资产阶级既然将它一向用来掩饰自己并从中汲取无限权力的普选权抛弃，也就是公开承认：**"我们的专政以前是依靠人民意志而存在的，现在它却必须违背人民意志而使自己巩固起来。"** 照这个逻辑，资产阶级现今已不在**法国境**内寻求支持，而在法国境外，在国外，在外敌**入侵**中寻求支持。

资产阶级，这个在法国本土上的第二个科布伦茨[101]，既然求助于外敌入侵，它就会激起一切民族情感来反对自己。既然攻击普选权，它就为新的革命提供了**普遍的口实**，而革命正需要有这样一个口实。任何**特殊的**口实，都会使革命联盟的各个集团分离，使他们彼此间的差异显露出来。但是**普遍的**口实却把一些半革命的阶级弄得眼花缭乱，使它们对于即将来临的革命的**明确性质**，对于它们本身行动的后果怀有一种自欺的幻想。任何革命都需要有一个宴会问题。普选权就是新革命的宴会问题。[102]

可是，联合的资产阶级的各个集团抛弃了它们**联合**权力的唯一可能形式，抛弃了它们**阶级统治**的最强大最完备的形式，即抛弃了**立宪共和国**,后退到低级的、不完备的、较软弱的形式即**君主国**去,这样它们就给自己作出了判决。它们正像是一个老人,为了要恢复自己的青春活力,居然拿出自己童年的盛装,硬要把他的干瘪的四肢塞进去。它们的共和国只有一个功绩,就是**充当了革命的温室**。

1850 年三月十日事件带有这样一句题词:

我死后哪怕洪水滔天。①

---

① 据说这是路易十五讲的话。——编者注

四　1850年普选权的废除

（这是前三章的续文，是从《新莱茵报》杂志⁴最后两期即第5—6期合刊所载《时评》中摘出来的。该文首先叙述了1847年在英国爆发的大规模商业危机，说明欧洲大陆政治纠纷因受这次危机影响而尖锐化并转变为1848年2月和3月的革命，随后又指出，在1848年即已再度来临而在1849年势头更猛的工商业的繁荣，如何遏止了革命高潮，并使反动派有可能在此期间取得胜利。接着，文章在专门讲到法国时作了如下论述：)①

从1849年，特别是1850年初起，**法国**也出现了这样的征兆。巴黎的工业开足马力，鲁昂和米尔豪森的棉纺织厂情况也相当好，虽然在这些地区也像在英国一样，原料价格昂贵起了阻碍作用。同时，西班牙广泛进行关税改革和墨西哥降低各种奢侈品的关税，也大大促进了法国繁荣的发展。法国商品对这两个市场的输出量大大增加。资本的增加导致法国出现了一连串的投机活动，而大规模开采加利福尼亚金矿**103**是这些投机活动的借口。大批的公司纷纷设立，它们以小额股票和涂上社会主义色彩的说明书直指小资产者和工人的腰包，但是这完全是法国人和中国人所独有的

---

① 这段引言是恩格斯为1895年版所写。——编者注

纯粹的欺骗。其中有一家公司甚至直接受到政府的庇护。法国进口税,1848 年的前 9 个月为 6 300 万法郎,1849 年的前 9 个月为 9 500 万法郎,1850 年的前 9 个月为 9 300 万法郎。而 1850 年 9 月份,进口税比 1849 年同月又增加了 100 余万法郎。出口在 1849 年也有所增加,而 1850 年增加得更多。

法兰西银行根据 1850 年 8 月 6 日的法令恢复兑现,就是繁荣再度来临的最令人信服的证明。1848 年 3 月 15 日,该行曾受权停止兑现。当时,银行券流通额,其中包括外省银行发行的,共达 37 300 万法郎(1 492 万英镑)。1849 年 11 月 2 日,银行券流通额是 48 200 万法郎,或 1 928 万英镑,这就是说,增加了 436 万英镑;而 1850 年 9 月 2 日是 49 600 万法郎,或 1 984 万英镑,即增加了将近 500 万英镑。同时,没有发生过银行券贬值的现象;相反,银行券流通额增加的同时,该行地下室里存的黄金和白银日益增多,以致到 1850 年夏季金银储备达到了将近 1 400 万英镑,这在法国是空前的数额。该行能够这样增加自己的银行券流通额并把自己的流动资本增加 12 300 万法郎,或 500 万英镑,这一事实令人信服地证明,我们在本刊前一期中的论断①是正确的,即金融贵族不仅没有被革命推翻,反而更加巩固了。从下面对法国近几年的银行法的概述中可以更为明显地看出这种结果。1847 年 6 月 10 日法兰西银行受权发行面额 200 法郎的银行券。在这以前,银行券的最低面额是 500 法郎。1848 年 3 月 15 日的法令宣布,法兰西银行发行的银行券为法定支付手段,于是就免除了该行为银行券兑换现金的义务。它发行银行券的数额限定为 35 000 万法郎。同

---

① 　见本书第 102—106 页。——编者注

时它还受权发行面额为 100 法郎的银行券。4 月 27 日的法令规定各个外省银行合并于法兰西银行；另一个在 1848 年 5 月 2 日颁布的法令允许该行把银行券的发行额增加到 45 200 万法郎。1849 年 12 月 22 日的法令规定银行券的最高发行额为 52 500 万法郎。最后，1850 年 8 月 6 日的法令又重新规定银行券可以兑现。银行券流通额不断增加，法国的全部信贷都集中在法兰西银行的手中，法国的全部黄金和白银都贮存在该行的地下室里。这些事实使蒲鲁东先生得出结论说，法兰西银行现在必须蜕掉旧的蛇皮，变成蒲鲁东式的人民银行。[104]其实，蒲鲁东甚至用不着了解 1797 年到 1819 年英国的银行限制[105]的历史，只要看一看拉芒什海峡的对岸，就可以知道，这个据他看来在资产阶级社会历史中前所未闻的事实正是资产阶级社会中极其正常的现象，只不过现在在法国是第一次出现而已。我们可以看到，那些跟着巴黎的临时政府说大话的冒牌革命理论家也像临时政府中的先生们自己一样，对所采取的措施的性质和结果一无所知。

尽管法国目前出现了工商业的繁荣，但大部分人口，即 2 500 万农民却由于严重的不景气而受苦。近几年的丰收使法国谷物价格跌得比英国低得多，负债累累、受高利贷盘剥并受捐税压榨的农民的处境远远不能认为是美妙的。但是，近三年来的历史充分证明，居民中的这个阶级根本没有能力首倡革命。

在大陆上，不论危机时期还是繁荣时期都比英国来得晚。最初的过程总是发生在英国；英国是资产阶级世界的缔造者。资产阶级社会经常反复经历的周期的各个阶段，在大陆上是以第二次和第三次的形式出现的。首先，大陆对英国的输出要比对任何国家的输出多得多。但是，这种对英国的输出却又取决于英国的情

况,特别是英国海外市场的情况。其次,英国对海外国家的输出要
比整个大陆多得多,所以大陆对这些国家的输出量始终要取决于
英国对海外的输出量。因此,如果危机首先在大陆上造成革命,那
么革命的原因仍然始终出在英国。在资产阶级机体中,四肢自然
要比心脏更早地发生震荡,因为心脏得到补救的可能性要大些。
另一方面,大陆革命对英国的影响程度同时又是一个温度计,它可
以显示出,这种革命在多大的程度上真正危及资产阶级的生存条
件,在多大的程度上仅仅触及资产阶级的政治形式。

在这种普遍繁荣的情况下,即在资产阶级社会的生产力正以
在整个资产阶级关系范围内所能达到的速度蓬勃发展的时候,也
就谈不到什么真正的革命。只有在**现代生产力**和**资产阶级生产方
式这两个要素**互相**矛盾**的时候,这种革命才有可能。大陆秩序党
内各个集团的代表目前争吵不休,并使对方丢丑,这决不能导致新
的革命;相反,这种争吵之所以可能,只是因为社会关系的基础在
目前是那么巩固,并且——这一点反动派并不清楚——是那么明
显地**具有资产阶级特征**。一切想阻止资产阶级发展的反动企图都
会像民主派的一切道义上的愤懑和热情的宣言一样,必然会被这
个基础碰得粉碎。**新的革命,只有在新的危机之后才可能发生。
但新的革命正如新的危机一样肯定会来临。**

我们现在来谈一谈**法国**。

人民既已促成了4月28日的新的选举,也就把自己联合小资
产阶级在3月10日的选举中所取得的胜利化为乌有。维达尔不
仅在巴黎当选,而且在下莱茵省也当选。山岳党[55]和小资产阶级
的代表力量很强的巴黎委员会,怂恿他接受下莱茵省的委任状。
3月10日的胜利已丧失了它的决定性意义;最后的决定性时刻又

127

拖延了下来,人民松了劲,他们已经习惯于合法的胜利而不再去争取革命的胜利。最后,感伤的小市民的社会幻想家欧仁·苏被提名为候选人这件事,完全勾销了 3 月 10 日选举的革命意义,否定了为六月起义恢复名誉的做法;无产阶级至多不过把这次提名看成是讨好轻佻女郎的玩笑而接受下来。由于对手的政策不坚决而壮起胆来的秩序党,为了同这种善意的提名相对抗,提出了一个应该体现六月**胜利**的候选人。这个可笑的候选人是斯巴达式的家长勒克莱尔[106],不过他身上的英雄甲胄被报刊一片一片地扯了下来,在选举中遭到了惨败。4 月 28 日选举的新胜利使山岳党和小资产阶级得意忘形。山岳党心花怒放,认为它可以用纯粹合法的方式实现自己的愿望,而不用掀起一场再度把无产阶级推上前台的新的革命;它确信,在 1852 年新的选举中一定能靠普选权把赖德律-洛兰先生安置在总统宝座上,并保证山岳党在国民议会里占多数。新的选举,提名苏为候选人以及山岳党和小资产阶级的情绪,使秩序党十分有把握地相信,山岳党和小资产阶级在任何情况下都决心保持平静,所以秩序党以废除普选权的**选举法**[107]回答了这两次选举的胜利。

政府极为谨慎,自己不对这个法案负责。它向多数派作了假的让步,把这个法案的起草工作交给了多数派的首脑即交给 17 个卫戍官[108]。这样一来,就不是政府向国民议会提议,而是国民议会的多数派向自己提议废除普选权。

5 月 8 日,这个法案提交议会审核。所有社会民主主义报刊都异口同声地劝人民要保持尊严,要保持庄重冷静,要安心等待,要信赖自己的代表。这些报刊的每一篇论文都承认,革命首先必定会消灭所谓的革命报刊,因而现在的问题是报刊如何保全自己。

所谓的革命报刊泄露了自己的全部秘密。它签署了自己的死刑判决书。

5月21日,山岳党将这个临时性问题提交讨论,要求否决整个提案,理由是它违反宪法。秩序党回答说,宪法在必要时是要违反的,但现在还用不着,因为宪法可以作各种解释,只有多数才有权决定哪种解释是正确的。山岳党对梯也尔和蒙塔朗贝尔的肆无忌惮的野蛮进攻,报以彬彬有礼和温文尔雅的人道态度。山岳党引证了法的基础;秩序党给它指出了法借以发展的基础——资产阶级所有制。山岳党呜咽着说:难道他们真的要不顾一切地挑起革命吗?秩序党回答说:我们将静候革命来临。

5月22日,人们以462票对227票的表决结果解决了这个临时性问题。有些人曾经十分郑重而认真地证明说,国民议会和每个议员一旦使人民,即他们的授权人丧失了权利,自己也就会丧失代表权;正是这些人仍然稳坐在自己的席位上,他们突发奇想,要全国行动起来,并且是以请愿的方式行动起来,而他们自己却不采取行动;甚至当5月31日法案已经顺利通过的时候,他们还是安然不动。他们企图用抗议书来为自己报复,在抗议书中写明他们没有参与强奸宪法,但是,就连这份抗议书,他们也没有公开提出,而是偷偷地塞进议长的衣袋里。

巴黎的15万大军,最后决定的无限期推迟,报刊的平静态度,山岳党和新当选的议员的胆小怕事,小资产者的庄重冷静,而主要是商业和工业的繁荣,阻碍了无产阶级进行任何革命的尝试。

普选权已经完成了自己的使命。大多数人民都上了有教育意义的一课,普选权在革命时期所能起的作用不过如此而已。它必然会被革命或者反动所废除。

在随后不久发生的事件中,山岳党消耗了更多的能量。陆军部长奥普尔在国民议会的讲坛上把二月革命称为危害深重的灾难。山岳党的演说家照例大吵大嚷地表示义愤,但是议长杜班不让他们发言。日拉丹提议山岳党立刻全体退出会场。结果,山岳党依然留在那里,而日拉丹却作为一个不够资格的人被驱逐出山岳党。

选举法还需要一个东西作补充,即新的**新闻出版法**[80]。后者不久就问世了。经过秩序党的修正而变得严厉得多的政府提案,规定要增加保证金,规定对报刊副刊上登载的小说征收特别印花税(这是对欧仁·苏当选的报复),规定对周刊和月刊上发表的所有达到一定页数的作品都要征税,最后,规定报刊上的每一篇文章都要有作者署名。保证金的规定扼杀了所谓的革命报刊;人民把这些报刊的死亡看成是对废除普选权的报应。但是,新法律的意图和作用不仅仅局限于这一部分报刊。当报刊匿名发表文章的时候,它是广泛的无名的社会舆论的工具;它是国家中的第三种权力。每篇文章都署名,就使报纸仅仅成了或多或少知名的人士的作品集。每一篇文章都降到了报纸广告的水平。以前,报纸是作为社会舆论的纸币流通的,现在报纸却变成了多少有点不可靠的本票,它的价值和流通情况不仅取决于出票人的信用,而且还取决于背书人的信用。秩序党的报刊不仅煽动废除普选权,而且还煽动对坏的报刊采取极端措施。然而,就连好的报刊,也由于用了可恶的匿名方式而不合秩序党的口味,尤其不合它的个别外省议员的口味。秩序党希望只跟领取稿酬的著作家打交道,想知道他们的姓名、住址和特征。好的报刊埋怨人家以忘恩负义的态度来酬谢它的功劳,也是白费力气。法案通过了,而署名的要求首先打击的正是它。共和主义时事评论家是相当著名的,但是,当这批神秘人物突然表现为像格朗尼埃·德卡桑尼亚克那样为了金钱可以替任何事情辩护的、卖身求荣的、老奸巨猾的廉价文人,或者表现为像卡普菲格那样以国家要人自居的老废物,或者表现为像《辩论日报》的勒穆瓦讷先生那样的卖弄风骚的下流作家的时候,自诩代表国家智慧的《辩论日报》[58]、《国民议会报》[109]、《立宪主义者报》[110]等等可尊敬的报馆便露出一副可怜相。

在讨论新闻出版法的时候,山岳党已经堕落到如此道德败坏的地步,竟然只是给路易-菲力浦时期的老名人维克多·雨果先生的高谈阔论拍手喝彩。

从选举法和新闻出版法通过时起,革命的和民主的党派就退出了官方舞台。议会闭会不久,在议员动身回家之前,山岳党的两派——社会主义民主派和民主社会主义派——发表了两篇宣言[111],即两份赤贫证明书,用以证明,虽然权力和成功从来都不在他们那一边,但是他们却一向都站在永恒的正义和其余一切永恒的真理一边。

现在来谈一谈秩序党。《新莱茵报》杂志在第3期第16页上写道:"波拿巴反对联合起来的奥尔良派和正统派的复辟欲望而维护自己实际政权的名义——共和国;秩序党反对波拿巴的复辟欲望而维护自己共同统治的名义——共和国;正统派反对奥尔良派,奥尔良派反对正统派而维护现状——共和国。秩序党中所有这些集团各自心里都有自己的国王,自己的复辟意图,同时又都为了反对自己对手的篡夺和谋叛的欲望而坚持资产阶级的共同统治,坚持使各种特殊的要求得以互相抵消而又互相保留的形式——共和国。……当梯也尔说'我们保皇派是立宪共和国的真正支柱'时,他没有料想到他的话里包含有这么多的真理。"①

不得已的共和派②这出喜剧,即憎恶现状而又不断地巩固现状;波拿巴与国民议会之间无休止的摩擦;秩序党经常面临分裂为它的几个组成部分的危险以及它的各个集团经常重新结合;每一个集团都企图把对共同敌人的每一次胜利变成自己的暂时同盟者的失败;相互的忌妒、仇恨、倾轧,常常剑拔弩张,而结果总是拉摩勒特式的亲吻[112]——整个这一出没趣的谬误喜剧从来没有发展得像最近六个月那样典型。

秩序党同时把选举法也看做是对波拿巴的胜利。政府把自己提案的草拟工作和对这项提案的责任交给了十七人委员会,这难道还不是政府放弃了政权吗?波拿巴能同国民议会抗衡,不正是倚仗他是由 600 万人选出来的吗?在波拿巴看来,选举法是对议会的让步,他用这种让步换得了立法权和行政权之间的协调。这个下流的冒险家要求把他的年俸增加 300 万法郎作为酬劳。国民议会在剥夺绝大多数法国人选举权的情况下,能跟行政权发生冲突吗?国民议会十分气愤,看来它决心要采取极端措施了,它的委员会否决了提案,波拿巴的报刊也摆出威胁的姿态,抬出遭受抢劫的、被剥夺了选举权的人民;在进行了许多吵吵闹闹的试图达成协议的活动之后,议会终于在事实上作了让步,但同时在原则上却进行了报复。国民议会不同意在原则上把年俸增加 300 万法郎,而只同意拨给波拿巴 216 万法郎的临时补助金。国民议会对此并不满意,只是在秩序党的将军和波拿巴的自告奋勇的庇护者尚加尔

---

① 见本书第 101—102 页。——编者注
② 套用莫里哀的喜剧《不得已的医生》。——编者注

涅对国民议会表示支持以后,它才作出这种让步。可见,这200多万实际上不是拨给波拿巴的,而是拨给尚加尔涅的。

波拿巴全然以施主的心情接受了这个勉强掷给的施舍。波拿巴的报刊重新对国民议会进行攻击,而在讨论新闻出版法过程中,有人首先针对代表波拿巴私人利益的二流报纸提出了关于文章署名的修正案,这时波拿巴派的主要机关报《权力报》[113]对国民议会进行了公开的猛烈攻击。内阁阁员不得不在国民议会面前斥责这家报纸;《权力报》的发行人被传到国民议会问罪,并被课以最高罚金5 000法郎。次日,《权力报》刊载了一篇更加粗暴无礼的文章攻击议会,政府的报复行动是,立即由法庭以破坏宪法的罪名追究几家正统派报纸的责任。

最后,提出了议会会议延期的问题。波拿巴为了使自己的行动不受国民议会阻碍,希望会议延期。秩序党一方面为了使自己的各个集团能够进行阴谋活动,另一方面为了使各个议员能够谋求个人利益,也希望会议延期。双方为了巩固和扩大各省反动派的胜利,都需要会议延期。因此议会把它的会议从8月11日延期到11月11日。但是,因为波拿巴毫不隐讳地一心想要摆脱国民议会的讨厌的监督,所以议会给信任投票本身打上了不信任总统的印记。在议会休会期间由28名共和国道德卫士组成常设委员会[114],所有波拿巴分子都被排除在外。为了向总统证明多数人对立宪共和国的忠诚,没有选波拿巴分子,反倒选了《世纪报》[83]和《国民报》[36]的几个共和主义者。

在议会会议延期前不久,尤其在刚刚延期的时候,秩序党的两大集团奥尔良派和正统派看来准备和解,和解的基础就是两个王室的融合,而它们在斗争时打的旗号就是王室。报纸上登满了在圣伦纳兹的路易-菲力浦病床前讨论的和解计划;路易-菲力浦的死突然使情况简单化了。路易-菲力浦是个篡位者,亨利五世曾被他夺去了王位,而巴黎伯爵由于亨利五世无嗣便成了他的合法继承人。现在已经没有任何借口来反对两个王朝利益的融合。但是资产阶级的两个集团现在才终于明白,使它们分裂的并不是对这个或那个王室的温情的眷恋,相反,是它们的不同的阶级利益使两个王朝分了家。正统派像他们的竞争者到圣伦纳兹去谒见路易-菲力浦一样,也前往威斯巴登行宫谒见亨利五世,在那里获悉路易-菲力浦死去的消息。他们立刻组织了一个有名无实的内阁,其成员主要是上述共和国道德卫士委员会的委员,这个内阁趁党内发生冲突的时机立刻直言不讳地宣布它的权利是上帝恩赐的。奥尔良派看到这个宣言[115]在报刊上使对方丢了丑而兴高采烈,毫不掩饰他们对正统派的公开敌视。

在国民议会休会期间,各省议会都开了会。它们大多数都赞成多少有保留地修改宪法,就是说,它们赞成没有明确规定的君主制复辟;赞成**"解决问题"**,但同时又承认自己没有足够的权力和胆量去找到解决问题的方法。波拿巴派急忙从延长波拿巴总统任期的角度来解释这种修改宪法的愿望。

统治阶级决不能容许用合乎宪法的办法解决问题,这个办法就是:波拿巴在 1852 年 5 月辞职,同时由全国选民选举新总统,在新总统上任后几个月内由为修改宪法而选出的特别议院来修改宪法。新总统选举之日,必定是正统派、奥尔良派、资产阶级共和派、革命派等一切敌对派别相逢之时。结果必然要在各个集团之间以暴力一决胜负。即使秩序党[22]能够一致推出一个王室之外的中立候选人,波拿巴也会反对这个候选人。秩序党在其反对人民的斗争中不得不经常加强行政权。行政权一加强,执掌行政权的波拿巴的地位也就加强了。因此,秩序党加强其共同的权力时,也就加强了想登王位的波拿巴的战斗手段,增加了他在决胜关头以暴力阻挠用宪制的办法解决问题的可能性。那时,波拿巴在反对秩序党时将不会与宪法的一个重要支柱发生冲突,正像秩序党在选举法问题上反对人民时不会与宪法的另一个重要支柱发生冲突一样。他甚至有可能诉诸普选权来反对议会。总之,用宪制的办法解决问题会危及整个政治现状,而资产者觉得在现状动荡不定的后面是混乱、无政府状态、内战。他们好像觉得,在1852年5月头一个星期日,他们的买卖、票据、婚约、公证书、押据、地租、房租、利润,一切契约和收入来源都将成为问题,他们不能让自己冒这样的风险。在政治现状的动荡不定后面潜伏着整个资产阶级社会崩溃的危险。对资产阶级来说,唯一可能的解决办法就是延期解决。它只能用破坏宪法和延长总统任期的办法来挽救立宪共和国。这也是秩序党报刊在省议会会议结束后对所热衷的"解决问题"的办法经过长期深入的辩论后得出的结论。这样,强大的秩序党只好忍受羞辱,不得不认真看待这个可笑的、平庸的、它所憎恶的人物——假波拿巴。

这个肮脏人物对越来越使他具有必要人物性质的原因,也理解错了。他那一派十分明了,波拿巴的作用日益增长是当时的环境造成的,而他本人却相信,这仅仅是由于他的名字有魔力和他一贯模仿拿破仑的缘故。他的雄心一天比一天大。他以周游法国来对抗前往圣伦纳兹和威斯巴登的拜谒。波拿巴分子不相信他这个人有什么魔力,所以他们用火车和驿递马车大批装载十二月十日会[116]这个巴黎流氓无产阶级组织的成员,把他们送到各处去为他捧场喝彩。他们根据不同城市对总统接待的情况，教自己的傀儡发表演说，或者宣称总统施政的座右铭是坚持共和主义的随和温顺的态度，或者宣称这一座右铭是坚持刚毅倔强的精神。尽管施用了一切花招，这次巡游还是一点也不像凯旋的游行。

波拿巴确信已经用这种办法把人民鼓动了起来，于是他着手争取军队。他在凡尔赛附近的萨托里平原上举行了盛大的阅兵式，在阅兵时，他力图用蒜腊肠、香槟酒和雪茄烟来收买士兵。如果说真拿破仑在其侵略性远征的艰苦时刻善于靠突然表现家长式的关怀来鼓励疲劳的士兵，那么假拿破仑则以为，士兵高喊"拿破仑万岁，腊肠万岁！"即"腊肠万岁，小丑万岁！"①就是向他表示感谢。

这次阅兵暴露出波拿巴和陆军部长奥普尔与尚加尔涅之间长期隐伏的纠纷。秩序党认为尚加尔涅是它的真正中立的人物，因为这个人谈不上有什么建立自己王朝的野心。秩序党指定他作为波拿巴的继承人。况且，尚加尔涅由于在 1849 年 1 月 29 日和 6 月 13 日的行为，已经成了秩序党的伟大统帅，成了当代的亚历山大，在胆怯的资产者看来，这个亚历山大以蛮横的干涉斩断了革命的戈尔迪之结。其实他跟波拿巴一样可笑，他以这种极便宜的手段变成一个有势力的人物，被国民议会捧出来监视总统。他以波拿巴的庇护者身份炫耀自己——如在讨论总统的薪俸时就是如此——并且以越来越高傲的态度对待波拿巴和部长们。当人们预料新选举法[107]的颁布会引发暴动的时候，他不许他的军官接受陆

① 文字游戏："腊肠"的原文是"Wurst"，"小丑"的原文是"Hanswurst"。——编者注

1942 年延安解放社出版的
《1848 年至 1850 年的法兰西阶级斗争》中译本

军部长或总统的任何命令。报刊方面也帮助吹捧尚加尔涅这个人。秩序党由于根本没有什么杰出人物,而不得不把整个阶级所缺乏的力量凭空移到一个人身上,以这种办法使他膨胀为一个巨人。关于尚加尔涅这个**"社会中坚"**的神话就是这样产生的。尚加尔涅借以把整个世界担在自己肩上的那种无耻的招摇撞骗和不可思议的妄自尊大,跟萨托里阅兵时和阅兵后所发生的事件形成了十分可笑的对比。这些事件无可争辩地证明,只要波拿巴这个极端渺小的人物大笔一挥,就足以使惊恐不安的资产阶级通过幻想产生的怪物——巨人尚加尔涅降为一个平庸的人,就足以把这个拯救社会的英雄变成退休的将军。

波拿巴很早就对尚加尔涅进行过报复,唆使陆军部长在纪律问题上同这个讨厌的庇护者发生冲突。最近在萨托里举行的阅兵式,终于使旧怨公开爆发了。当骑兵团列队通过波拿巴面前并高呼反宪法口号"皇帝万岁!"时,尚加尔涅为维护宪法而产生的愤怒简直达到了极限。波拿巴为了在议会即将开会对这个口号进行不愉快的辩论之前抢先采取行动,便把陆军部长奥普尔调走,任命他为阿尔及尔总督。他任命一个十分可靠的帝国时代的老将军担任陆军部长的职务,这位老将军的粗暴丝毫不亚于尚加尔涅。但是,为了不让人觉得奥普尔的免职是对尚加尔涅的让步,波拿巴同时又把伟大的社会救主的得力助手诺马耶将军从巴黎调到南特。正是诺马耶在上次阅兵式上使全体步兵在拿破仑继承人面前十分冷淡地默默走过。由于诺马耶的被调而感到自己被触犯的尚加尔涅提出了抗议并进行恫吓。结果白费力气。经过两天的谈判,调动诺马耶的命令在《通报》上发表了,秩序的英雄除了服从纪律或提请辞职之外没有任何其他办法。

　　波拿巴跟尚加尔涅的斗争是他跟秩序党的斗争的继续。因此,11 月 11 日国民议会将在不祥的征兆之下复会。但是,这将是杯水风波。从根本上说,旧戏必定还会继续演下去。尽管秩序党各集团维护原则的勇士们大喊大叫,秩序党的多数人仍将不得不延长总统任期。同样,尽管波拿巴提出了种种临时性的抗议,他也仍然会把这种延长任期当做国民议会的简单授权从它手里接受下来,因为仅仅由于缺钱,他就已经感到沮丧。这样,问题的解决就延搁下来,现状就保持下去;秩序党的各个集团互相破坏威信,互相削弱,使对方丢丑;对共同的敌人即全国群众的镇压手段不断加强,并且无所不用其极,直到经济关系本身重新达到这样的发展水平,使得所有这些互相抱怨的派别连同它们的立宪共和国由于新的爆炸而粉身碎骨。

　　不过,为了安慰资产者,还需要补充一点,由于波拿巴与秩序党之间的争吵,交易所里许多小资本家陷于破产,他们的钱财都落到交易所大豺狼的腰包里去了。

卡·马克思写于 1849 年底—1850 年 3 月底和 1850 年 10 月—11 月 1 日

载于 1850 年 1、2、3 和 5—10 月《新莱茵报。政治经济评论》第 1、2、3 和 5—6 期

原文是德文

选自《马克思恩格斯选集》第 3 版第 1 卷第 445—552 页

注　释

1　指《新莱茵报。民主派机关报》(Neue Rheinische Zeitung. Organ der De-mokratie)。该报是德国 1848—1849 年革命时期民主派中无产阶级一翼的战斗机关报,1848 年 6 月 1 日—1849 年 5 月 19 日每日在科隆出版,马克思任主编;参加编辑部工作的有恩格斯、威·沃尔弗、格·维尔特、斐·沃尔弗、恩·德朗克、斐·弗莱里格拉特和亨·毕尔格尔斯。

　　《新莱茵报》编辑部作为无产阶级革命运动的领导核心,实际履行了共产主义者同盟中央委员会的职责,起到了教育和鼓舞人民群众的作用。报纸发表的有关德国和欧洲革命的社论,通常都是由马克思和恩格斯执笔。尽管遭到当局的种种迫害和阻挠,《新莱茵报》仍然英勇地捍卫革命民主主义运动和无产阶级的利益。1848 年 9 月 26 日科隆实行戒严,报纸暂时停刊;此后在经济和组织方面遇到了巨大困难,马克思不得不在经济上对报纸的出版负责,为此,他把自己的全部积蓄贡献出来,报纸终于获得了新生。1849 年 5 月,在反革命势力全面进攻的形势下,普鲁士政府借口马克思没有普鲁士国籍而把他驱逐出境,同时又加紧迫害《新莱茵报》的其他编辑,致使该报被迫停刊。1849 年 5 月 19 日,《新莱茵报》用红色油墨印出了最后一号即第 301 号。报纸的编辑在致科隆工人的告别书中说:"无论何时何地,他们的最后一句话始终将是:工人阶级的解放!"(见《马克思恩格斯全集》中文第 1 版第 6 卷第 619 页)——3、48。

2　二月革命指 1848 年 2 月爆发的法国资产阶级民主革命。代表金融资产阶级利益的"七月王朝"(见注 29)推行极端反动的政策,反对任何政治改革和经济改革,阻碍资本主义发展,加剧对无产阶级和农民的剥削,

139

引起全国人民的不满;农业歉收和经济危机进一步加深了国内矛盾。1848 年 2 月 22—24 日巴黎爆发革命,推翻了"七月王朝",建立了资产阶级共和派的临时政府,宣布成立法兰西第二共和国。二月革命为欧洲 1848—1849 年革命拉开了序幕。无产阶级和小资产阶级积极参加了这次革命,但革命果实却落到了资产阶级手里。——4、25。

3 指柏林群众反对普鲁士政府的三月革命,这是德国 1848—1849 年资产阶级民主革命的开端。1848 年 3 月初,柏林群众举行集会,要求取消等级特权、召开议会和赦免政治犯。国王弗里德里希-威廉四世调动军队进行镇压,遂发生流血冲突。3 月 13 日,维也纳人民推翻梅特涅统治的消息传到柏林,斗争进一步激化。国王慑于群众的威力,并企图拉拢资产阶级自由派、阻止革命发展,于 17、18 日先后颁布特别命令,宣布取消书报检查制度,允诺召开联合议会,实行立宪君主制。资产阶级自由派遂与政府妥协。柏林群众要求把军队撤出首都,在遭到军警镇压后,于 3 月 18 日构筑街垒举行武装起义,最终迫使国王于 19 日下令把军队撤出柏林,起义获得了胜利,但是起义的成果却被资产阶级窃取,3 月 29 日普鲁士成立了康普豪森—汉泽曼内阁。——5、87。

4 《新莱茵报。政治经济评论》(Neue Rheinische Zeitung. Politisch-ökonomische Revue)是马克思和恩格斯于 1849 年 12 月创办的共产主义者同盟的理论和政治刊物。它是马克思和恩格斯在 1848—1849 年革命期间出版的《新莱茵报》(见注 1)的续刊。该杂志 1850 年 3—11 月底总共出了六期,其中有一期是合刊(第 5—6 期合刊)。杂志在伦敦编辑,在汉堡印刷。封面上注明的出版地点还有纽约,因为马克思和恩格斯打算在侨居美国的德国流亡者中间发行这个杂志。该杂志发表的绝大部分文章(论文、短评、书评)都是马克思和恩格斯撰写的。他们也约请他们的支持者如威·沃尔弗、约·魏德迈、格·埃卡留斯等人撰稿。该杂志发表的马克思和恩格斯的重要著作有:马克思《1848 年至 1850 年的法兰西阶级斗争》(见《马克思恩格斯选集》第 3 版第 1 卷)、恩格斯《德国维护帝国宪法的运动》(见《马克思恩格斯全集》中文第 2 版第 10 卷)和《德国农民战争》(见《马克思恩格斯文集》第 2 卷)。这些著作总结了 1848—1849 年革命的经验,进一步制定了革命无产阶级政党的理论和策略。1850 年 11 月,由于反动势力的迫害,加上资金缺乏,杂志被迫停刊。——5、124。

5　恩格斯在 1895 年出版马克思的《1848 年至 1850 年的法兰西阶级斗争》
一书单行本时，把《新莱茵报。政治经济评论》杂志第 1、2 和 3 期发表
的马克思的《从 1848 年到 1849 年》一组文章中的几篇文章收入这个单
行本作为头三章（恩格斯这里提到的也就是这几篇文章），另把马克思
和恩格斯为该杂志 5、6 两期合刊撰写的《时评。1850 年 5—10 月》中马
克思所写的关于法国部分（见《马克思恩格斯全集》中文第 2 版第 10 卷
第 593—596、602—613 页）作为第四章。恩格斯所引的这段话摘自《时
评》中收入马克思著作单行本作为第四章的那部分（见《马克思恩格斯
选集》第 3 版第 1 卷第 541 页）。——5。

6　指法国大革命（1789 — 1799）和法国 1830 年七月革命（见注 26）。
——7。

7　维也纳事变是指 1848 年 3 月 13 日爆发的维也纳人民推翻梅特涅统治
的起义。

　　米兰事变是指 1848 年 3 月 18 日米兰人民举行的反对奥地利统治
的武装起义。起义赶走了奥地利军队，成立了资产阶级自由派和民主
派领导的临时政府，推动了意大利其他各地的革命。

　　柏林事变是指与米兰事变同一天爆发的柏林人民武装起义，见注 3。
——7。

8　指 1848 年 6 月巴黎无产阶级的起义。二月革命（见注 2）后，无产阶级
要求把革命推向前进，资产阶级共和派政府推行反对无产阶级的政策，
1848 年 6 月 22 日颁布了封闭"国家工场"的挑衅性法令，激起巴黎工人
的强烈反抗。6 月 23—26 日，巴黎工人举行了大规模武装起义。6 月
25 日，镇压起义的让·巴·菲·布雷亚将军在枫丹白露哨兵站被起义
者打死，两名起义者后来被判处死刑。经过四天英勇斗争，起义被资产
阶级共和派政府残酷镇压下去。马克思论述这次起义时指出："这是分
裂现代社会的两个阶级之间的第一次大规模的战斗。这是保存还是消
灭资产阶级制度的斗争。"（见《马克思恩格斯选集》第 3 版第 1 卷第
467 页）——7、26、55、60、83。

9 指 19 世纪上半叶法国资产阶级的两个保皇党——正统派(见注 38)和奥尔良派(见注 52)。——10。

10 "民族原则"是波拿巴第二帝国(1852—1870 年)统治集团提出的、反映其对外政策原则的名词。拿破仑第三自诩为"民族的保卫者",利用被压迫民族的民族利益进行投机,以图巩固法国的霸权并扩大其疆域。"民族原则"与承认民族自决权毫无共同之处。相互争斗的大国,利用所谓的"民族原则",挑起民族不和,把民族运动,特别是小民族的运动变成它们推行反革命政策的工具。马克思在《福格特先生》(见《马克思恩格斯全集》中文第 2 版第 19 卷)一文中,恩格斯在《工人阶级同波兰有什么关系?》(见《马克思恩格斯全集》中文第 2 版第 21 卷)一文中,对"民族原则"进行了揭露和批判。——11。

11 *小德意志帝国*指 1871 年 1 月在普鲁士领导下建立的不包括奥地利在内的德意志帝国。普鲁士在 1866 年普奥战争中取得胜利以后,于 1867 年成立了以普鲁士为首的北德意志联邦,其成员有 19 个德意志邦和三个自由市。1870 年,北德意志联邦又吸收了德国西南的四个邦(巴登、黑森、巴伐利亚和符腾堡),并于 1871 年成立了德意志帝国。历史上把在普鲁士领导下实现统一的德意志联邦称为"小德意志"。——11。

12 *国际工人协会*简称国际,后通称第一国际,是无产阶级第一个国际性的革命联合组织,1864 年 9 月 28 日在伦敦成立。马克思参与了第一国际的创建,是它的实际领袖,恩格斯参加了国际后期的领导工作。在马克思和恩格斯的指导下,第一国际领导了各国工人的经济斗争和政治斗争,积极支持了被压迫民族的解放运动,坚决地揭露和批判了蒲鲁东主义、巴枯宁主义、拉萨尔主义、工联主义等机会主义流派,促进了各国工人的国际团结。第一国际在 1872 年海牙代表大会以后实际上已停止了活动,1876 年 7 月 15 日正式宣布解散。第一国际的历史意义在于它"奠定了工人国际组织的基础,使工人做好向资本进行革命进攻的准备"(见《列宁选集》第 3 版修订版第 3 卷第 790 页)。——12。

13 指法国在 1870—1871 年普法战争失败后,根据 1871 年 5 月 10 日签订的法兰克福和约付给德意志帝国的 50 亿法郎赔款。——13。

14　反社会党人法即反社会党人非常法,是俾斯麦政府在帝国国会多数的
支持下于 1878 年 10 月 19 日通过并于 10 月 21 日生效的一项法律,其
目的在于反对社会主义运动和工人运动。这项法律将德国社会民主党
置于非法地位,党的一切组织、群众性的工人组织被取缔,社会主义的
和工人的刊物被查禁,社会主义文献被没收,社会民主党人遭到镇压。
但是,社会民主党在马克思和恩格斯的积极帮助下战胜了自己队伍中
右的和"左"的机会主义倾向,得以在非常法生效期间正确地把地下工
作同利用合法机会结合起来,大大加强和扩大了自己在群众中的影响。
在日益壮大的工人运动的压力下,反社会党人非常法于 1890 年 10 月 1
日被废除。——13。

15　西班牙共和国在 1873 年宣布成立,普选权则在 1868—1874 年西班牙资
产阶级革命时期,从 1868 年开始实施,并经 1869 年宪法批准。1874
年,西班牙共和国由于保皇派发动政变而被推翻。——14。

16　1849 年 5 月 3—9 日在德累斯顿发生了武装起义,萨克森国王拒绝承认
帝国宪法并且任命极端反动分子钦斯基担任首相,是这次起义的导火
线。起义者曾控制了一个主要城区,成立了以激进的民主主义者赛·
埃·奇尔讷为首的临时政府。在起义中起积极作用的有米·巴枯
宁、斯·波尔恩和作曲家理·瓦格纳。资产阶级和小资产阶级几乎没
有参加斗争,工人和手工业者在街垒战中起了主要作用。起义遭到萨
克森军队和开抵萨克森的普鲁士军队的镇压。德累斯顿起义为 1849
年 5—7 月在德国西南部发生的维护帝国宪法运动拉开了序幕。
——16。

17　1870 年 9 月 4 日,法军在色当溃败的消息传出后,巴黎举行了人民群众
的革命起义,这次行动导致第二帝国制度的垮台和以资产阶级国防政
府为首的共和国的成立。

　　1870 年 10 月 31 日,当梅斯投降,布尔歇失守以及阿·梯也尔受国
防政府之命开始同普鲁士人谈判的消息传来以后,巴黎工人和一部分
革命的国民自卫军举行起义,他们占领了市政厅,建立了以奥·布朗基
为首的革命政权机关。在工人的压力下,国防政府不得不答应辞职,并
决定于 11 月 1 日举行公社选举。但是,当时巴黎的革命力量尚未充分

组织起来,领导起义的布朗基派与小资产阶级民主派雅各宾分子之间又存在意见分歧,这给国防政府造成可乘之机,它依靠当时仍然拥护它的那部分国民自卫军,背弃了辞职的诺言,重新占据了市政厅,恢复了自己的政权。——19。

18 第五次反法同盟战争时期,在1809年7月5—6日瓦格拉姆会战中,拿破仑第一指挥下的法国军队击败了卡尔大公的奥地利军队,取得了决定性的胜利。——19。

19 1815年6月18日,拿破仑的军队在滑铁卢(比利时)会战中被阿·威灵顿指挥的英荷联军及格·布吕歇尔指挥的普鲁士军队击败。这次会战在1815年的战局中起了决定性作用,它预示了第七次反法同盟的彻底胜利和拿破仑帝国的崩溃。——19。

20 1890—1893年在比利时展开了争取普选权的斗争。在工人党领导的群众运动和罢工的压力下,众议院于1893年4月18日通过了关于普选权的法律,并于4月29日由参议院批准。但是,这一法律对普选权作了一些有利于统治阶级的限制。按照这一法律,在比利时实施以年满25岁、居住期满1年为限制条件的男子普选权。此外,该法律还规定了多次投票制,即对某几类选民,可根据他们的财产状况、教育程度和供职情况,多给一两张选票。——20。

21 这里的贵族革命是指梅克伦堡-什未林公国和梅克伦堡-施特雷利茨公国中公爵势力与贵族之间展开的长期斗争,这场斗争以1755年在罗斯托克签订作为宪法基础的关于继承权的调解协定而告结束。根据这个协定,梅克伦堡贵族以往享受的优待和特权得到确认。他们的一半地产享受免税待遇,他们应缴纳的商业和手工业税及其在国家开支中占有的份额被固定下来。贵族在等级议会及其常设机构中的领导地位得以巩固。——21。

22 秩序党是1848年由法国两个保皇派即正统派和奥尔良派联合组成的保守的大资产阶级政党,从1849年到1851年12月2日政变,该党在第二共和国的立法议会中一直占据领导地位。——22、80、103、111、134。

23 "合法性害死我们"是恩格斯引用的法兰西第二共和国时期保守派政治
活动家奥·巴罗的一句话,这句话反映出 1848 年底至 1849 年初法国反
动势力的代表人物的企图,他们打算挑起人民起义,然后把它镇压下
去,从而恢复君主制。——22。

24 暗指 1866 年普鲁士在对奥地利和德意志几个小邦的战争取得胜利后,
兼并了汉诺威王国、黑森-卡塞尔选侯国和拿骚大公国。——22。

25 1894 年 12 月 6 日,德国政府向帝国国会提交《关于修改和补充刑法
典、军事法典和新闻出版法的法律草案》(即所谓《反颠覆法草案》)。
按照这个法案,对现行法令增加了一些补充条文,规定对"蓄意用暴力
推翻现行国家秩序者"、"唆使一个阶级用暴力行动反对另一个阶级从
而破坏公共秩序者"、"唆使士兵不服从上级命令者"等等,采取严厉措
施。1895 年 5 月,该法律草案被帝国国会否决。——22。

26 七月革命即 1830 年 7 月爆发的法国资产阶级革命。1814 年拿破仑第
一帝国垮台后,代表大土地贵族利益的波旁王朝复辟,竭力恢复封建专
制统治,压制资本主义发展,限制言论自由和新闻出版自由,加剧了资
产阶级同贵族地主的矛盾,激起了人民的反抗。1830 年 7 月 27—29 日
巴黎爆发革命,推翻了波旁王朝。金融资产阶级攫取了革命果实,建立
了以奥尔良公爵路易-菲力浦为首的代表金融贵族和大资产阶级利益
的"七月王朝"。——26。

27 巴黎市政厅是 1789—1794 年法国革命以来政府所在地,1848 年二月革
命后是临时政府所在地。——26。

28 1832 年 6 月 5—6 日的巴黎起义是由共和党左翼以及包括人民之友社
在内的秘密革命团体组织的。反对路易-菲力浦政府的马·拉马克将
军的出殡是起义的导火线。这次起义第一次举起了红旗。当政府派出
军队时,参加起义的工人构筑街垒,异常英勇顽强地进行自卫战,但最
终仍被军队镇压下去。

　　1834 年 4 月 9—13 日的里昂工人起义是在共和党的秘密组织人权
公民权协会的领导下进行的,是法国无产阶级最早的群众性的行动之
一。这次起义得到其他城市,特别是巴黎的共和党人的支持,但是最终

仍被残酷地镇压下去。

1839年5月12日的巴黎起义是在奥·布朗基和阿·巴尔贝斯的领导下,由共和派社会主义的秘密组织四季社发动的,在这次起义中,革命工人起了主要作用。起义最终遭到军队和国民自卫军的镇压。起义失败后,布朗基、巴尔贝斯及其他一些起义者被流放。——26。

29 七月王朝指法国1830年七月革命(见注26)至1848年二月革命(见注2)期间国王路易-菲力浦执政时期,即金融贵族和大资产阶级统治时期。——27、31、81。

30 波兰人民为争取民族解放曾准备在1846年2月举行起义。起义的主要发起人是波兰的革命民主主义者埃·邓波夫斯基等人。但是,由于波兰小贵族的背叛以及起义的领袖遭普鲁士警察逮捕,总起义未能成功。仅在从1815年起由奥地利、普鲁士和俄国共管的克拉科夫举行了起义,起义者在2月22日获胜并建立了国民政府,发表了废除封建徭役的宣言。克拉科夫起义在1846年3月初被镇压。1846年11月,奥地利、普鲁士和俄国签订了关于把克拉科夫并入奥地利帝国的条约。——29。

31 宗得崩德是瑞士七个经济落后的天主教州为对抗进步的资产阶级改革和维护教会的特权于1843年缔结的单独联盟。其首领是天主教僧侣和城市上层贵族。宗得崩德的反动企图遭到了40年代在大部分州和瑞士代表会议里取得优势的资产阶级激进派和自由派的反对。1847年7月,瑞士代表会议决定解散宗得崩德,宗得崩德遂于11月初向其他各州采取军事行动。1847年11月23日宗得崩德的军队被联邦政府的军队击溃。天主教僧侣和城市上层贵族后来不止一次地利用一部分落后保守的农民企图抗拒自由主义的改革和夺取各州的政权。联邦政府的胜利和1848年宪法的通过,使瑞士由国家的联盟变成联邦国家。

在宗得崩德进行战争期间,曾加入神圣同盟(见注32)的西欧强国奥地利和普鲁士企图干涉瑞士内政,维护宗得崩德。弗·基佐保护宗得崩德,实际上就是采取了支持这些强国的立场。——29。

32 神圣同盟是欧洲各专制君主镇压欧洲各国进步运动和维护封建君主制

度的反动联盟。该同盟是在拿破仑第一战败以后，由俄国沙皇亚历山大一世倡议，俄国、奥地利和普鲁士于 1815 年 9 月 26 日在巴黎建立的。后来几乎所有的欧洲君主国家都参加了同盟。这些国家的君主负有相互提供经济、军事和其他方面援助的义务，以维持维也纳会议上重新划定的边界和镇压各国革命。

神圣同盟为了镇压欧洲各国资产阶级革命和民族解放运动，先后召开过几次会议：1818 年亚琛会议，1820—1821 年特罗保会议，1821 年5 月莱巴赫会议以及 1822 年维罗纳会议。根据会议的决议，神圣同盟曾于 1820—1821 年间镇压意大利的革命运动，1823 年武装干涉西班牙革命，并企图干涉拉丁美洲的独立运动。由于欧洲诸国间的矛盾以及民族革命运动的发展，1830 年法国七月革命后神圣同盟实际上已经瓦解。——29、51、59。

33　巴勒莫是意大利的一个城市。1848 年 1 月 12 日当地人民举行起义，经过两周激战，波旁王朝的那不勒斯国王斐迪南二世被迫退出这座城市，巴勒莫建立了临时政府和议会。1848 年意大利革命失败时，巴勒莫起义也被镇压。——29。

34　1847 年春，法国安德尔省比藏赛发生了暴动。居住在附近农村的饥饿的工人带领居民们袭击了投机商的粮仓，与军队发生了流血冲突。政府对比藏赛事件的参加者进行了残酷的镇压，1847 年 3 月底 4 月初对参加暴动的人进行审讯，其中有三人被判处死刑，很多人被罚做苦役。——30。

35　宴会运动指 1847 年 7 月—1848 年 1 月之间法国各种反对派势力利用宴会形式进行的政治斗争。七月王朝末期，王朝反对派联合共和派为促进选举改革，征集请愿书签名，举行了大规模的宴会运动，资产阶级民主派也积极参加了这一运动。在宴会上，各派政治势力的代表人物以发表公开演说，致祝酒词等方式陈述政见，宣传改革。第一次公开的宴会于 1847 年 7 月 9 日在巴黎的红宫舞厅举行，所有支持改革的派别都有代表参加，成分相当复杂。在这次宴会上，资产阶级民主派无论从人数方面还是思想方面都表现出自己极大的优势。宴会运动吸引了社会各个阶层，席卷了法国各个地区，仅 1847 年秋季的两个月内，全法国就举办了 70 次宴会,出席总人数多达 17000 余人。每次宴会出席者少则数百人,多则千余人。工人代表也组织过自己的宴会。但是,原定于 1848 年 2 月 22 日举行的宴会遭到基佐政府的禁止,因为选举改革的运动给七月王朝带来了威胁。宴会运动为 1848 年资产阶级民主主义的二月革命拉开了序幕。恩格斯针对宴会运动撰写过一系列文章(见《马克思恩格斯全集》中文第 1 版第 4 卷第 381—384、394—402、405—408、423—426、430—437 页)。——30。

36 指《国民报》派,又称三色旗共和派、纯粹的共和派,是法国温和的资产阶级共和派。该派所依靠的是法国工业资产阶级和一部分自由主义知识分子。《国民报》是该派的机关报。1848 年革命时期,《国民报》派的领导人进入了临时政府(1848 年 2 月 24 日—5 月 4 日),其中最著名的代表人物有马拉斯特、茹·巴斯蒂德和加尔涅-帕热斯。3 月 5 日以后,加尔涅-帕热斯接替银行家米·古德肖的职务,任临时政府财政部长,后来靠卡芬雅克的帮助策划了对巴黎无产阶级的六月大屠杀。

　　《国民报》(Le National)是法国的一家日报,1830 年由路·阿·梯也尔、弗·奥·玛·米涅和阿·卡雷尔在巴黎创刊,1834—1848 年用《1834 年国民报》(Le National de 1834)的名称出版,40 年代是温和的共和派的机关报,1848—1849 年革命时期聚集在报纸周围的有阿·马拉斯特、路·安·加尔涅-帕热斯和路·欧·卡芬雅克等资产阶级共和党人,1851 年停刊。——31、46、54、61、66、80、91、116、133。

37 王朝反对派是七月王朝时期法国众议院中以奥·巴罗为首的议员集团。这个集团代表工商业资产阶级自由派的政治观点,主张实行温和的选举改革,认为这样做能避免革命并维持奥尔良王朝的统治。该派也被称做议会反对派。——31、49、66。

38 正统派是法国代表大土地贵族和高级僧侣利益的波旁王朝(1589—1792 年和 1814—1830 年)长系的拥护者。1830 年波旁王朝第二次被推翻以后,正统派结成政党。在反对以金融贵族和大资产阶级为支柱的当政的奥尔良王朝时,一部分正统派常常抓住社会问题进行蛊惑宣传,标榜自己维护劳动者的利益,使他们不受资产者的剥削。马克思和恩格斯在《共产党宣言》中,把该派代表人物的观点叫做封建的社会主

义。在第二帝国时期,正统派得不到人民的支持,只能采取等待时机的
策略,出版一些批评性的小册子。他们在 1871 年参加了反革命势力对
巴黎公社的镇压以后才开始活跃起来。——33、46、49、75。

39 《法兰西报》(La Gazette de France)是法国的第一家报纸,1631 年由
泰·勒诺多在巴黎创刊,最初名称为《新闻报》(La Gazette),每周出一
次,后来每周出两次,1792 年起改为日报,七月王朝时期为正统派的机
关报。——33。

40 在临时政府成立的最初几天就面临选择法兰西共和国国旗的问题。巴
黎的革命工人要求宣布 1832 年六月起义时在巴黎工人区高举的红旗
为国旗,资产阶级的代表则坚持要采用 18 世纪末资产阶级革命时期和
拿破仑第一帝国时期所用的蓝白红三色旗,这种旗帜直到 1848 年革命
时仍然是聚集在《国民报》周围的资产阶级共和派的标志。工人代表最
后被迫同意宣布三色旗为法兰西共和国的国旗,但是在旗杆上系上了
红色的旗缨。——35、52。

41 《通报》是法国日报《总汇通报》(Le Moniteur universel)的简称,1789—
1901 年在巴黎出版。1811 年 1 月 1 日起用这个名称出版,最初用《国
民报,或总汇通报》(Gazette nationale,ou Le Moniteur universel)的名称出
版,1799—1814、1816—1868 年是政府的官方报纸,1848 年 2 月 26 日
起加副标题《法兰西共和国官方报纸》。1870—1871 年巴黎被围困期
间,报纸在巴黎和图尔两地同时出版,后在波尔多出版,是甘必大领导
的国防政府代表团的正式机关报。——36、48、79、95。

42 高教会是英国国教会中的一派,产生于 19 世纪。高教会信徒主要是土
地贵族和金融贵族,他们主张保持古老的豪华仪式,强调与天主教徒的
传统联系。英国国教会中与高教会相对立的另一派为低教会,其信徒
主要是资产阶级和下层教士,具有新教倾向。——39。

43 1848 年 3 月 16 日,法国资产阶级临时政府决定对各种直接税每法郎增
加 45 生丁(100 生丁合 1 法郎)的附加税。这种附加税的负担主要落在
农民身上,资产阶级共和派采取的这种政策使大地主和天主教僧侣借
机策动农民反对巴黎的民主派和工人,壮大了反革命势力。——

40、112。

44 指 1825 年法国国王拨给贵族的一笔款项,用以补偿贵族在 18 世纪末法国资产阶级革命期间被没收的财产。——40。

45 知善恶树上的苹果也叫禁果。据圣经传说,伊甸园中有一棵果树,人若吃了这树上的果子就会眼睛明亮,知道善恶。上帝怕人们吃此果后能同他一样识别善恶,因而禁止人们摘食。——41、111。

46 别动队是根据法国临时政府 1848 年 2 月 25 日命令,为对付革命的人民群众而成立的。这支由 15—20 岁的巴黎流氓无产者组成的队伍曾被利用来镇压巴黎工人的六月起义。当时任陆军部长的卡芬雅克将军亲自领导了这次镇压工人的行动。后来,波拿巴主义者将其解散,因为他们担心波拿巴与共和党人发生冲突时,别动队会站在共和党人一边。——42、58、72。

47 拉察罗尼是意大利游手好闲的流氓无产者的绰号。他们不止一次地被反动君主专制集团利用来反对自由主义和民主主义运动。——42。

48 国家工场是 1848 年二月革命后根据法国临时政府的法令仓促建立起来的。国家工场一律采取军事化方式进行生产,对工人实行以工代赈的办法,发给面包卡和军饷。临时政府这样做的目的,一方面是使路易·勃朗关于组织劳动的思想在工人中丧失威信,另一方面是想利用以军事方式组织起来的国家工场的工人来反对革命的无产阶级。但是这个分裂工人阶级的计划没有成功,革命情绪在国家工场中继续高涨,于是政府便采取减少工人人数,将他们派到外省参加公共工程等办法来达到取消国家工场的目的。这些做法引起了巴黎无产阶级的极大愤怒,成了巴黎六月起义的导火线之一。起义者利用国家工场内部已有的军事组织采取行动。起义被镇压后,卡芬雅克政府于 1848 年 7 月 3 日下令解散了国家工场。——43、72。

49 习艺所是根据英国的《济贫法》设置的救济贫民的机构。1601 年《济贫法》规定以教区为单位解决贫民的救济问题。1723 年颁布的《济贫法》进一步作出规定,设立习艺所,受救济者必须入所接受救济。1782 年又改为只对年老和丧失劳动能力的人采取集中救济的方法。1834 年英国颁布的新济贫法对以前实施的《济贫法》作了修订,规定不得向有劳动能力的人及其家属提供任何金钱和食品的救济,受救济者必须在习艺所里从事强制性劳动。习艺所里生产条件恶劣,劳动强度大,生产效率低,那里实行的制度与强迫囚徒从事苦役的牢狱制度不相上下,因此,被贫民们称为"济贫法巴士底狱"(见《马克思恩格斯文集》第 1 卷第487 页),马克思则称它为"无产者的巴士底狱"(见《马克思恩格斯选集》第 3 版第 1 卷第 361 页)。——43。

50 在 16 世纪特别是 17 世纪西班牙的喜剧中,常常是主人假扮成仆人,仆人假扮成主人,结果闹出了混乱而可笑的纠纷。——43。

51 国民自卫军总部的选举原定于 1848 年 3 月 18 日进行,制宪国民议会的选举原定于 4 月 9 日进行。团结在奥·布朗基和泰·德萨米等人周围的巴黎工人坚持要求延期选举,理由是必须在居民中进行适当的解释工作。巴黎 3 月 17 日群众示威游行迫使正规军撤离首都(4 月 16 日事件后又被召回),并迫使国民自卫军总部的选举推迟到 4 月 5 日,制宪国民议会的选举推迟到 4 月 23 日。——44。

52 奥尔良派是金融贵族和大资产阶级的保皇党,是 1830 年七月革命到1848 年二月革命(见注2)这一时期执政的波旁王朝幼系奥尔良公爵的拥护者。奥尔良公爵统治时期在历史上称为奥尔良王朝。在第二共和国时期(1848—1851 年),这两个保皇集团成为联合起来的保守的"秩序党"的核心。——46、74。

53 执行委员会是法国制宪议会 1848 年 5 月 10 日为取代辞职的临时政府而建立的法兰西共和国政府。该委员会存在到 1848 年 6 月 24 日卡芬雅克上台为止,其成员多半是温和的共和派。赖德律-洛兰是执行委员会中的左翼代表。——47、53。

54 指 1848 年 5 月 15 日巴黎人民的革命行动。这一行动是在进一步推进革命和支持意大利、德国、波兰的革命运动的口号下进行的,参加游行的人数多达 15 万,其中主要是以奥·布朗基等为首的巴黎工人。游行者向正在讨论波兰问题的制宪议会进发,闯进了波旁王宫的会议大厅,要求议会兑现诺言,向为争取独立而斗争的波兰提供军事援助,采取断然措施消除失业和贫困,给工人以面包和工作,成立劳动部。当这些要求遭到拒绝后,游行者试图驱散制宪议会,成立新的临时政府。5 月 15 日的示威运动遭到镇压。运动的领导者布朗基、巴尔贝斯(他曾提出向富人征收 10 亿税款)、阿尔伯、拉斯拜尔等人遭逮捕。这次革命行动失败后,临时政府采取了一系列废除国家工场的措施,实施了禁止街头集会的法律,查封了许多民主派俱乐部。1849 年 3 月 7 日—4 月 3 日,当局在布尔日对 1848 年五月十五日事件的参加者进行了审判。巴尔贝斯被处以无期徒刑,布朗基被处以 10 年的单独监禁,德弗洛特、索布里埃、拉斯拜尔、阿尔伯等人被判处期限不等的徒刑,有的被流放到殖民地。——47、55、60、73。

55　山岳党即山岳派,在 1793—1795 年间是指法国资产阶级革命时期代表中小资产阶级利益的革命民主派,因其在国民公会开会时坐在大厅左侧的最高处而得名,代表人物有马·罗伯斯比尔、让·马拉、若·丹东等。其成员大都参加了雅各宾俱乐部。1792 年 10 月,代表大工商业资产阶级利益的吉伦特派退出雅各宾俱乐部后,山岳派实际上成为雅各宾派的同义语。

山岳党在 1848—1851 年间是指法国制宪议会和立法议会中集合在《改革报》周围的小资产阶级民主主义者和社会主义者。其领袖人物为赖德律-洛兰、费·皮阿等人。以路易·勃朗为首的小资产阶级社会主义者也参加了这一派。他们自称是 1793—1795 年法国国民公会中的山岳党思想的继承人。1849 年 2 月后该派又称新山岳党。——53、65、75、88、127。

56　《改革报》(La Réorme)是法国的一家日报,小资产阶级民主派、小资产阶级共和党人和小资产阶级社会主义者的机关报,1843 年 7 月—1850 年 1 月在巴黎出版,创办人和主编是赖德律-洛兰和多·弗·阿拉戈,编辑有赖德律-洛兰和斐·弗洛孔等,1847 年 10 月—1848 年 1 月曾刊登恩格斯的许多文章。聚集在法国《改革报》周围的政治集团被称为《改革报》派或改革派,包括一些小资产阶级民主共和主义者和小资产阶级社会主义者,其首领是赖德律-洛兰和路易·勃朗等人,他们主张建立共和国并实行民主改革和社会改革。——53、73。

57　大型政治历史剧的德文原文是 Haupt- und Staatsaktion，指 17 世纪和 18
世纪上半叶德国巡回剧团演出的戏剧。这些戏剧用夸张的、粗俗的和
笑剧的方式展现悲剧性的历史事件。

　　　这个词的引申意义是指重大的政治历史事件。德国历史科学中的
一个流派"客观的历史编纂学"学派就是在这个意义上使用这个词的。
莱·兰克是该学派的主要代表之一。他把 Haupt- und Staatsaktion 看做
是需要陈述的重要主题。"客观的历史编纂学"学派看重国家的政治和
外交历史，宣称外交政治高于国内政治，无视人们的社会关系及其在历
史中的积极作用。——55。

58　《辩论日报》(Journal des Débats) 是法国资产阶级报纸《政治和文学辩论
日报》(Journal des Débats politiques et littéraires) 的简称，1789 年在巴黎
创刊。七月王朝时期该报为政府的官方报纸，1848—1849 年革命时期
支持反革命，1851 年十二月二日政变后为温和的奥尔良反对派的机关
报，70—80 年代报纸具有保守主义倾向。——55、131。

59　维也纳条约指在 1814 年 9 月—1815 年 6 月维也纳会议上缔结的旨在
恢复各国王朝统治和满足战胜国领土要求的条约和协议。英、普、
俄、奥等反拿破仑战争同盟国的君主和代表以及法国复辟的波旁王朝
的代表出席了会议。根据维也纳会议的决定，奥地利获得了意大利的
伦巴第和威尼斯等地；普鲁士获得了莱茵河两岸及北部萨克森的土地；
瑞典从丹麦获得了挪威；俄国获得了芬兰，并把华沙大公国改名为波兰
王国，由沙皇统治；克拉科夫成为俄、普、奥共同保护的共和国；奥地利
的尼德兰（比利时）合并于荷兰称为尼德兰王国；德意志组成松散的德
意志联邦；瑞士重新恢复中立；英国得到了荷兰的殖民地好望角和锡兰
以及法属殖民地马耳他岛。会议的最后决议规定，恢复法国 1792 年的
疆界，恢复波旁王朝在法国的统治，并将法国置于列强的严格监督之
下；法国不得再侵占欧洲领土。1815 年 9 月关于成立神圣同盟（见注
32）的决议是对维也纳决议的补充。——59。

60　法兰西共和历是法国从 1793 年 10 月 24 日—1806 年 1 月 1 日期间为取
代格雷戈里历采用的新历法。为消除基督教的影响，该历法日和月的
名称都取自自然界和不同的时令，如雾月、获月等。附在格雷戈里历日

期上的圣徒名字则代之以种子、树木、花卉和水果的名称。——59。

61　清教徒是基督教新教教徒中的一派,16世纪中叶产生于英国,原为英国国教会(圣公会)内以加尔文教义为旗帜的新宗派,如长老会、公理会等。清教徒要求"清洗"英国国教内保留的天主教旧制和烦琐仪文,反对王公贵族的骄奢淫逸,提倡"勤俭清洁"的简朴生活,因而得名。16世纪末,清教徒中开始形成两派,即温和派(长老派)和激进派(独立派)。温和派代表大资产阶级和上层新贵族的利益,主张立宪君主政体。激进派代表中层资产阶级和中小贵族的利益,主张共和政体。——61、105。

62　据圣经传说,犹太国的第一个国王扫罗在和腓尼基人作战中消灭了数千敌人,在扫罗庇护下的卫士大卫则消灭了数万人。扫罗死后,大卫继承了犹太的王位。——63。

63　百合花是波旁王朝的标志,紫罗兰是奥尔良王朝的标志。——64。

64　这句话引自1848年12月21日《新莱茵报》第174号的12月18日巴黎通讯,通讯下面标有斐·沃尔弗的通讯代号。不过,这句话很可能是马克思本人写的,因为报纸的全部材料都经他缜密地校审过。——64。

65　耶稣会是天主教的修会之一,以对抗宗教改革运动为宗旨。耶稣会会士以各种形式渗入社会各阶层进行活动,为达到目的不择手段,在欧洲声誉不佳。——67、106。

66　伏尔泰是自然神论者,他对僧侣主义、天主教和专制政体的猛烈抨击曾对他的同时代人产生极大的影响。因此伏尔泰主义特指18世纪末期进步的、反宗教的社会政治观点。

　　　在马克思和恩格斯的著作里,伏尔泰主义这一概念是指资产阶级在上升时期所持的充满矛盾的思想观点和政治态度。当时,这个阶级一方面从自然神论的立场出发,反对宗教狂热和封建教权主义;另一方面又认为,为了对"贱民"实行统治,宗教的存在是必要的。——67、113、115。

67　马尔萨斯主义是英国资产阶级经济学家托·马尔萨斯提出的理论,又称马尔萨斯人口论。马尔萨斯在 1798 年出版的《人口原理。人口对社会未来进步的影响》一书中认为,在正常情况下,人口以几何级数率(1、2、4、8、16……)增长,而生活资料则以算术级数率(1、2、3、4、5……)增长,人口的增长超过生活资料的增长是一条"永恒的自然规律"。他用这一观点来解释资本主义制度下劳动人民遭受失业、贫困的原因,认为只有通过战争、瘟疫、贫困和罪恶等来抑制人口的增长,人口与生活资料的数量才能相适应。——67。

68 指 1849 年 5—7 月武装干涉罗马共和国一事。1848 年秋,在欧洲革命的影响下,意大利境内重新掀起反对奥地利统治和争取统一的民族解放运动。1848 年 9 月 16 日,罗马爆发人民起义。1848 年 11 月,庇护九世逃往那不勒斯的要塞加埃塔。在法国政府的支持下,庇护九世于 1848 年 12 月 4 号召所有天主教国家共同镇压罗马革命者,那不勒斯和奥地利立即响应。1849 年 2 月 9 日,罗马由全民投票产生的制宪议会废除了教皇的世俗权力并宣布成立共和国,政权集中在以朱·马志尼为首的三执政手中。法国政府于 1849 年 4 月派出了由尼·乌迪诺将军率领的所谓意大利远征军。4 月 27 日法军在意大利要塞港口奇维塔韦基亚登陆,4 月 30 日被朱·加里波第领导的罗马共和国军队击退,双方签订了停火协议。6 月 3 日,乌迪诺撕毁协议,再次炮击罗马。法军于 1849 年 7 月 1 日占领罗马城。由于法国、奥地利和那不勒斯的武装干涉,罗马共和国于 1849 年 7 月 3 日被推翻。——77、83、87。

69 救国委员会是法国资产阶级革命时期雅各宾派专政时的最高权力机构,1793 年 4 月 6 日由国民公会创立。在雅各宾专政时期(1793 年 6 月 2 日—1794 年 7 月 27 日),救国委员会作为革命政府的中央机关,在同国内外反革命进行斗争并完成资产阶级革命任务的过程中起了极其重要的作用。热月九日反革命政变以后,救国委员会丧失了领导作用,并于 1795 年 10 月被解散。——79、93。

70 国民公会是 18 世纪末法国资产阶级革命时期建立的最高立法机关,从 1792 年 9 月存在到 1795 年 10 月。在雅各宾专政期间,即革命的第三阶段(1793 年 6 月 2 日—1794 年 7 月 27 日),作为最高权力机关,国民公会颁布了一系列法令,废除封建所有制,公布了法国第一部共和制的

民主宪法,并同国内外反革命势力进行了坚决的斗争;1794 年 7 月 27
日热月政变后,国民公会遵循大资产阶级意旨,取消了雅各宾派颁布的
主要革命措施。1795 年 10 月国民公会被解散。——79、89。

71　这里涉及废除酒税的法案。制宪议会曾于 1849 年 5 月 19 日通过决定,
从 1850 年 1 月 1 日起废除酒税。关于废除酒税的法案于 1849 年 12 月
18 日提交国民议会进行讨论。在废除酒税的决定生效前 10 天,国民议
会又通过了恢复这项税收的法律。——80、105、112。

72　指 1849 年 3 月 7 日—4 月 3 日在布尔日对 1848 年五月十五日事件参
加者进行的审判(见注 54)。——83。

73　十字军征讨指 11—13 世纪西欧天主教会、封建主和大商人打着从伊斯
兰教徒手中解放圣地耶路撒冷的宗教旗帜,主要对东地中海沿岸伊斯
兰教国家发动的侵略战争。因参加者的衣服上缝有红十字,故称"十字
军"。十字军征讨前后共八次,历时近 200 年,最后以失败而告终。十
字军征讨给东方国家的人民带来了深重的灾难,也使西欧国家的人民
遭受惨重的牺牲,但是,它在客观上也对东西方的经济和文化交流起到
了一定的促进作用。——87。

74　1849 年,沙皇军队为了镇压匈牙利资产阶级革命、恢复奥地利哈布斯堡
王朝的统治,对匈牙利进行了武装干涉。根据尼古拉一世的命令,俄国
军队于 1849 年 5 月开进了匈牙利。——87。

75　指维护帝国宪法的运动。这是 1848—1849 年德国资产阶级民主革命
的最后阶段。以普鲁士为首的德意志各邦拒绝承认法兰克福国民议会
于 1849 年 3 月 28 日通过的帝国宪法,但是人民群众认为帝国宪法是唯
一还没有被取消的革命成果。1849 年 5 月初在萨克森和莱茵省,5—7
月在巴登和普法尔茨相继爆发了维护帝国宪法的武装起义。6 月初,两
个普鲁士军团约 6 万人与一个联邦军团开始对两地起义者实行武力镇
压,而法兰克福国民议会却不给起义者任何援助。1849 年 7 月,维护帝
国宪法的运动被镇压下去。——87。

76　山岳党活动家会议于 1849 年 6 月 12 日夜在傅立叶派的《和平民主日

报》编辑部举行。会议的参加者拒绝使用武力,决定只举行和平示威游行。

《和平民主日报》是法国的一家杂志,其全称为《和平民主日报。维护政府和人民利益的报纸》(La Démocratie pacifique. Journal des intérêts des gouvernements et des peuples),1843—1851年在巴黎出版,主编是维·孔西得朗。——91。

77 1849年6月13日"宪法之友民主协会"在《人民报》第206号上发表宣言,号召巴黎公民参加和平示威游行,抗议政府的"蛮横要求"。——91。

78 马克思在这里套用了罗马诗人贺拉斯《诗论》中的名句:"山岳开始忍受分娩的痛苦。它生下了一只小小的老鼠。"马克思文中的"山岳",指山岳党。——91。

79 山岳党的宣言载于1849年6月13日的《改革报》(见注56)、《和平民主日报》(见注76)以及蒲鲁东的《人民报》。——92。

80 新的新闻出版法于1850年7月16日由立法议会通过。这部法律的有关规定大大提高了报刊出版者应交付的保证金数额,并开始征收印花税,小册子也不例外。新的新闻出版法实际上是取消法国新闻出版自由的又一项反动措施。——94、130。

81 这里是指由三个红衣主教(德拉真加、瓦尼切利-卡索尼和路·阿尔蒂埃里)组成的委员会。在罗马共和国被推翻(见注68)之后,该委员会在罗马恢复了反动的制度。——96。

82 宗教裁判所,又称异端裁判所,是天主教会侦查和审讯异端分子的机构,1231年由教皇格雷戈里九世在罗马建立。随后,法国、比利时、意大利、西班牙等国也先后设立了宗教裁判所。宗教裁判所以教皇为最高首脑,裁判官由教皇任命并直接控制,不受地方教会机构和世俗政权的监督制约。裁判所对异端分子、异端嫌疑者实行秘密审讯,严刑拷打。刑罚的种类有没收财产、监禁、流放和火刑等。16世纪以后,随着教皇权势的削弱,宗教裁判所也逐渐衰落。1908年,教皇庇护十世把罗马裁判所改为圣职部,由教皇亲自主持,其主要职能是检查书刊,颁布禁书目录,革除教徒教籍以及罢免神职人员等。——96。

83　《世纪报》(Le Siècle)是法国的一家日报,1836—1839 年在巴黎出版,1870—1871 年间曾在图尔和波尔多出版;19 世纪 40 年代代表部分仅限于要求温和的宪法改革的小资产阶级的观点。——97、116、133。

84　《新闻报》(La Presse)是法国的一家日报,1836 年在巴黎创刊,七月王朝时期具有反政府的性质;1848—1849 年是资产阶级共和派的机关报,1851 年十二月二日政变后是反波拿巴派的报纸;1836—1857 年主编是埃·日拉丹。——97、116。

85　埃姆斯是德国威斯巴登附近的一处疗养地。"圣路易的后裔"指自封为亨利五世的法国正统派王位追求者尚博尔伯爵。1849 年 8 月在尚博尔伯爵的经常居住地埃姆斯,召开了有他出席的正统派代表大会。尚博尔伯爵出身于波旁王朝,是查理十世的孙子。波旁王朝有多位名叫"路易"的法国国王。马克思在这里所说的"圣路易"是指哪一位国王,尚不清楚。——97。

86　潘都尔兵是奥地利军队中一种特殊形式的非正规步兵,以残暴著称。——98。

87　二月革命后,路易-菲力浦从法国出逃,曾住在伦敦附近的一个城堡克莱尔蒙特。这里是指奥尔良派同路易-菲力浦在那里进行的谈判。——98。

88　"要么做凯撒,要么进债狱!"是马克思套用了切·博贾的座右铭"要么做凯撒,要么一事无成"。博贾(1475—1507 年)是意大利人,教皇亚历山大六世的私生子。尼·马基雅弗利在《君主论》中以博贾为"新时代君主"的楷模,鼓吹"欲达目的可以不择手段"的论调。——99。

89　"出乎真意"(motu proprio)是一种不必经红衣主教同意,一般只涉及教皇国内部事务的特别教皇文书的开头语。这里是指 1849 年 9 月 12 日教皇庇护九世发表的文告。——99。

90 加尔省由于议员让·巴·博恩死亡,举行了补选。拥护山岳党的候选人埃·欧·法旺在 36000 票中获 21688 票,以多数票当选。文中所说的红色议员、红色分子即指法旺。——112。

91 1850 年 3 月 10 日立法议会举行补选,政府为了对选民施加压力,把法国领土分成了五大军区,这一做法使巴黎及其邻近的省份处在其他四个军区的包围之中,而这四个军区的领导人都是一些恶名昭彰的反动分子。共和派报纸强调指出,这些反动将军的无限权力和土耳其帕沙的专横权力一模一样。所以,这几个军区被称为帕沙辖区。——112。

92 1850 年 1 月 19 日、2 月 26 日和 3 月 15 日国民议会讨论了教育法,并在 3 月 15 日通过了这项法律。这项废除无神论思想的教育法,实际上是把学校置于教士的控制之下。——112。

93 指 1849 年 10 月 31 日路易·波拿巴总统给立法议会的咨文,他在咨文中通报,已批准巴罗内阁辞职,另组新阁。——113。

94 指再度被任命的巴黎警察局长皮·卡尔利埃在 1849 年 11 月 10 日发布的公告。他在公告中呼吁组织“反社会主义的社会联盟”,以保卫“宗教、劳动、家庭、财产和忠于政府”。公告发表在 1849 年 11 月 11 日《总汇通报》上。——113。

95 《拿破仑》(Le Napoléon)是法国波拿巴派的周报,1850 年 1 月 6 日—5 月 19 日在巴黎出版。——113。

96 自由贸易派也称曼彻斯特学派,是 19 世纪上半叶英国出现的资产阶级政治经济学的一个派别,其主要代表人物是曼彻斯特的两个纺织厂主理·科布顿和约·布莱特。19 世纪 20—50 年代,曼彻斯特是自由贸易派的宣传中心。该学派提倡自由贸易,要求国家不干涉经济生活,反对贸易保护主义原则,要求减免关税并奖励出口,废除有利于土地贵族的、规定高额谷物进口关税的谷物法。1838 年,曼彻斯特的自由贸易派建立了反谷物法同盟。19 世纪 40—50 年代,该派组成了一个单独的政治集团,后来成为自由党的左翼。——115。

97 自由之树是 1848 年二月革命胜利后在巴黎街道上种植的象征自由的

树,通常是橡树或白杨。种植自由之树在 18 世纪末资产阶级革命期间就已经成了法国的传统,当时国民公会还为此做了明文规定。

1850 年 1 月,政府当局借口排除街道交通障碍,在警察局长的命令下砍倒了自由之树。——118。

98 七月纪念柱是 1840 年为纪念 1830 年七月革命的殉难者而在巴黎巴士底广场上修建的。1850 年 2 月 24 日,即 1848 年革命纪念日这一天,巴黎民众用鲜花和花环装饰了七月纪念柱。1850 年 2 月 25 日夜,警察清除了鲜花,引起了民众的抗议风潮。——118。

99 巴托洛缪之夜指天主教徒在巴黎屠杀异教徒事件。1572 年 8 月 23—24 日夜里,即圣巴托洛缪节的前夕,天主教徒在巴黎杀害了大批胡格诺教徒。——120。

100 据希腊神话传说,古希腊人攻打特洛伊城,很久未能攻克。后来,他们佯装撤退,在城下营房中留下了一匹腹内藏有一批勇士的大木马。特洛伊人不知道这是敌方的计策,把木马作为战利品拉进城去。深夜,勇士们走出木马,利用特洛伊人毫无戒备的时机,配合城外的军队,迅速夺取了特洛伊城。——121。

101 科布伦茨是德国西部的一座城市,在 18 世纪末法国资产阶级革命时期是流亡的贵族保皇党人策动对革命的法国进行干涉的中心。得到封建专制国家支持的、以路易十六极端反动的大臣沙・卡龙为首的流亡政府就设在这里。——122。

102 宴会问题的提法来源于宴会运动(见注 35),这里实际上是指革命的导火线问题。——122。

103 1848 年在加利福尼亚、1851 年在澳大利亚发现了丰富的金矿,这些发现对欧美各国的经济发展产生了重大影响。——124。

104 蒲鲁东的这一观点是在他批驳资产阶级经济学家弗・巴师夏的一篇论战文章中提出的,这篇文章发表在 1849 年 11 月—1850 年 2 月的《人民之声》报上,1850 年又以单行本形式在巴黎出版,标题是《无息信贷。弗・巴师夏先生和蒲鲁东先生的辩论》。

蒲鲁东式的人民银行是 1849 年 1 月 31 日成立的。他打算借助这个银行通过和平的途径实现他的"社会主义",即消灭信贷利息,在生产者获得自己劳动收入的全部等价物的基础上进行没有货币的交换。这个银行在开始正常业务活动之前就于 4 月初宣告关闭。——126。

105 1797 年英国政府颁布了专门的银行限制法,该法规定英格兰银行券的强制性的牌价,并且停止用银行券兑换黄金。1819 年通过了恢复银行券兑换黄金的法令。实际上这种兑换到 1821 年才完全恢复。——126。

106 亚·勒克莱尔是巴黎商人,他因以国民自卫军的身份和他的儿子们一起参加镇压 1848 年六月起义而获得荣誉勋章。恩格斯在《法国来信》一文中曾讽刺地称他为"资产阶级的斯巴达人"(见《马克思恩格斯全集》中文第 2 版第 10 卷第 412 页)。——128。

107 指新选举法,即法国 1850 年 5 月 31 日通过的《1849 年 3 月 15 日选举法修正案》。该法案规定,在固定居住地居住三年以上并直接纳税的人才有表决权。此项法案使 300 多万选民丧失了选举权,实际上废除了普选权。——128、136。

108 《卫戍官》是维·雨果的一部描写德国中世纪生活的历史剧。在中世纪的德国,卫戍官是皇帝指派的城堡和地区的统治者。1850 年 5 月 1 日,根据内务大臣的命令成立了立法议会新选举法起草委员会。该委员会的 17 名成员属于奥尔良派和正统派,由于贪图权力和立场反动而被称为卫戍官。——128。

109 《国民议会报》(L'Assemblée nationale)是法国的一家日报,1848—1857 年在巴黎出版。该报代表两个保皇派即正统派和奥尔良派的观点,支持他们的合并。——131。

110 《立宪主义者报》(Le Constitutionnel)是法国资产阶级的日报,其全称为《立宪主义者报。政治和文学汇闻》(Le Constitutionnel. Journal politique, littéraire, universel)。1815—1870 年该报用不同名称在巴黎出版,19 世纪 40 年代是奥尔良派温和的一翼的机关报,1848—1849 年革命时期代表以梯也尔为首的反革命资产阶级的观点,1851 年十二月二日政变后成为波拿巴派的机关报。——131。

111 指两份文件:一份是发表在 1850 年 8 月 11 日《1850 年人民报》第 6 号的《山岳党告人民书》,另一份是发表在 1850 年 8 月 14 日该报第 7 号的《告人民书》。——131。

112 拉摩勒特式的亲吻(Baiser Lamourette)指发生在 18 世纪末法国资产阶级革命时期的一段有名的插曲。1792 年 7 月 7 日立法议会议员安·拉摩勒特提议以兄弟般的亲吻来结束一切党派纷争,于是,各敌对党派的代表彼此热情拥抱。但是不出人们所料,这种虚伪的"兄弟般的亲吻"第二天就被遗忘了。——132。

113 《权力报》(Le Pouvoir)是法国波拿巴派的机关报,1849 年 4 月—1850 年 6 月用《十二月十日报。维护秩序的报纸》(Le Dix décembre. Journal de l'ordre)的名称出版,此后改名为《权力报。十二月十日报》(Le Pouvoir. Journal du dix décembre),1850 年 7 月 19 日起取消副标题,正式用《权力报》的名称出版;1850 年 6 月—1851 年 1 月主编是阿·格朗尼埃·德卡桑尼亚克。——133。

114 法兰西共和国宪法第 32 条规定,在立法议会休会期间须成立一个常设委员会,由议会选出的 25 名委员和议会常务局组成。1850 年,这个委员会实际上由 39 人组成:常务局 11 人,庶务 3 人以及选举产生的委员 25 人。——133。

115 指所谓的《威斯巴登宣言》,是由正统派在立法议会的秘书德·巴泰勒米受尚博尔伯爵的委托于 1850 年 8 月 30 日在威斯巴登草拟的。宣言规定了正统派执政后将采取的政策。尚博尔伯爵扬言要"正式地断然拒绝一切诉诸人民的做法,因为这种做法就等于否定传统的君主政治的伟大的民族原则"。这篇宣言引起正统派内部特别是以昂·拉罗什雅克兰为首的一伙人的抗议,并在报刊上引起了激烈的论战。——134。

116 十二月十日会是波拿巴派的秘密团体,以纪念其庇护人路易·波拿巴

1848年12月10日当选为法兰西共和国总统而得名。该组织成立于1849年,主要由堕落分子、政治冒险家、军人等组成。虽然该团体于1850年11月表面上被解散,但实际上其党羽仍然继续进行波拿巴主义的宣传,并积极参加了1851年12月2日政变。——135。

人 名 索 引

A

阿尔伯（Albert 原名亚历山大·马丁 Alexandre Martin，人称工人阿尔伯 Ouvrier Albert 1815—1895）——法国工人，布朗基主义者，七月王朝时期是秘密革命团体的领导人之一；1848 年二月革命时期领导巴黎工人的武装起义，临时政府成员，因参加 1848 年五月十五日事件被判处有期徒刑，巴黎公社的积极战士。——31、33、47。

爱尔维修，克劳德·阿德里安（Helvétius, Claude-Adrien 1715—1771）——法国哲学家，机械唯物主义的代表人物，无神论者，法国的革命资产阶级的思想家。——85。

安泰（Anteus）——古希腊神话中的巨人，海神波赛东和地神盖娅的儿子。战斗时，他只要身体不离土地，就能从母亲大地身上不断吸取力量，所向无敌。后来，海格立斯发现了他的这个特点，把他举起与地隔开，用手扼死。——91。

奥尔良公爵——见路易-菲力浦一世（路易-菲力浦），奥尔良公爵。

奥尔良公爵夫人，埃莱娜·路易莎·伊丽莎白（Orléans, Hélène-Louise-Elisabeth, duchesse d'父姓梅克伦堡-什未林 Mecklenburg-Schwerin 1814—1858）——法国国王路易-菲力浦的长子斐迪南的遗孀，法国王位追求者巴黎伯爵的母亲。——99。

奥尔良王朝——法国王朝（1830—1848）。——64、74、81、100。

奥菲士（Orpheus）——古希腊神话中的诗人和歌手，他的歌声使猛兽俯首，顽石点头;他曾参加亚尔古船英雄们寻求金羊毛的远航。——85。

奥普尔侯爵,阿尔丰斯·昂利(Hautpoul, Alphonse-Henri, marquis d' 1789 — 1865)——法国将军,正统主义者,后为波拿巴主义者;第二共和国时期是立法议会议员(1849 — 1851),陆军部长(1849 — 1850)。—— 101、112、118、130、136 — 137。

奥赛男爵,沙尔·勒梅谢·德隆普雷(Haussez, Charles Lemercher de Longpré, baron d' 1778 — 1854)——法国政治活动家,曾任海军大臣(1829)。——119。

B

巴尔贝斯,西吉斯蒙·奥古斯特·阿尔芒(Barbès, Sigismond Auguste Armand 1809—1870)——法国革命家,小资产阶级民主主义者,七月王朝时期秘密革命团体四季社的领导人之一;第二共和国时期是制宪议会议员(1848),因参加 1848 年五月十五日事件被判处无期徒刑,1854 年遇赦;后流亡荷兰,不久即脱离政治活动。——73、120。

巴拉盖·狄利埃伯爵,阿希尔(Baraguay d'Hilliers, Achille, comte 1795 — 1878)——法国将军,1854 年起为元帅;第二共和国时期是制宪议会和立法议会议员(1848—1851);1851 年统率巴黎卫戍部队;1851 年十二月二日政变后为波拿巴主义者,曾任驻君士坦丁堡大使(1853 — 1854),1854 年指挥波罗的海的法国远征军;在 1859 年奥意法战争中任军长;1870 年任巴黎武装力量总司令。——96。

巴黎伯爵——见路易-菲力浦-阿尔伯。

巴罗,卡米耶·亚桑特·奥迪隆(Barrot, Camille-Hyacinthe-Odilon 1791 — 1873)——法国政治家,七月王朝时期是自由主义的王朝反对派领袖之一;1848 年 12 月—1849 年 10 月任内阁总理,领导各个保皇集团的反革命联盟所支持的内阁;1849 年 11 月内阁辞职后脱离政治活动。——22、31、55、66 — 68、70 — 74、79、89、96、99、100 — 101。

巴罗什,皮埃尔·茹尔(Baroche, Pierre-Jules 1802 — 1870)——法国政治活动

家和法学家,七月王朝时期是自由主义的王朝反对派领袖之一,第二共和国时期是制宪议会和立法议会议员(1848—1851),秩序党的代表人物,波拿巴主义者;1849年为上诉法院的首席检察官;1851年十二月二日政变以前和以后曾数度入阁。——120。

巴师夏,弗雷德里克(Bastiat,Frédéric 1801—1850)——法国资产阶级庸俗经济学家,阶级调和论的代表人物。——27。

巴斯蒂德,茹尔(Bastide,Jules 1800—1879)——法国政治活动家和政论家;资产阶级共和派报纸《国民报》的编辑(1836—1846);1848年是制宪议会议员和外交部长(1848年5—12月)。——59。

巴托洛缪(Bartholomäus)——圣经中的人物。——59、120。

柏拉图(Platon[Plato]约公元前427—347)——古希腊哲学家,客观唯心主义的主要代表人物,奴隶主贵族的思想家,自然经济的拥护者。——61。

贝里耶,皮埃尔·安东(Berryer,Pierre-Antoine 1790—1868)——法国律师和政治家,七月王朝时期是正统主义反对派领袖,第二共和国时期是制宪议会和立法议会议员(1848—1851)。——100。

倍倍尔,奥古斯特(Bebel,August 1840—1913)——德国工人运动和国际工人运动的活动家,职业是旋工;德国工人协会联合会创始人之一,1867年起为主席;第一国际会员,1867年起为国会议员,1869年是德国社会民主党创始人和领袖之一,《社会民主党人报》创办人之一;曾进行反对拉萨尔派的斗争,普法战争时期站在无产阶级国际主义立场,捍卫巴黎公社;1889、1891和1893年国际社会主义工人代表大会代表;第二国际的活动家,在19世纪90年代和20世纪初反对改良主义和修正主义;马克思和恩格斯的朋友和战友。——14。

笨伯雅克(Jacques le bonhomme)——法国农民的讽刺性绰号。——40。

俾斯麦公爵,奥托(Bismarck[Bismark],Otto Fürst von 1815—1898)——普鲁士和德国国务活动家和外交家,普鲁士容克的代表;曾任驻彼得堡大使(1859—1862)和驻巴黎大使(1862);普鲁士首相(1862—1872和1873—

1890),北德意志联邦首相(1867—1871)和德意志帝国首相(1871—1890);1870年发动普法战争,1871年支持法国资产阶级镇压巴黎公社;主张以"自上而下"的方法实现德国的统一;曾采取一系列内政措施,以保证容克和大资产阶级的联盟;1878年颁布反社会党人非常法。——6、7、11—12、14、22—23。

毕若·德·拉·比贡利,托马·罗伯尔(Bugeaud de la Piconnerie, Thomas-Robert 1784—1849)——法国元帅,奥尔良党人,七月王朝时期是众议院议员;在比利牛斯半岛战争期间(1808—1814)指挥法军分队,以后曾指挥军队镇压1834年巴黎共和派的起义;侵略阿尔及利亚和摩洛哥战争的策划者之一,1841—1847年为阿尔及利亚总督,1848—1849年为阿尔卑斯山部队的总司令,第二共和国时期是立法议会议员(1848—1849)。——67。

庇护九世(Pius IX[Pio Nono]世俗名乔万尼·马里亚·马斯塔伊-费雷蒂Giovanni Maria Mastai-Ferretti 1792—1878)——罗马教皇(1846—1878)。——77、99。

波拿巴——见拿破仑第三。

波拿巴,拿破仑·约瑟夫·沙尔·保尔,拿破仑亲王(Bonaparte, Napoléon-Joseph-Charles-Paul, prince Napoléon 又名日罗姆 Jérôme,绰号普隆-普隆1822—1891)——法国政治家,第二共和国时期是制宪议会和立法议会议员(1848—1851),1854年在克里木指挥一个师,在1859年奥意法战争中任军长,普法战争初期曾参加关于法意反普同盟的谈判,日·波拿巴的儿子,拿破仑第三的堂弟,其兄死后(1847)改名日罗姆。——100。

波旁王朝——法国王朝(1589—1792、1814—1815 和 1815—1830)。——81、100。

波提乏(Potiphar)——据圣经传说,是埃及法老的侍卫长,以愚忠和轻信著称。——98。

勃朗,路易(Blanc, Louis 1811—1882)——法国新闻工作者和历史学家;小资产阶级社会主义者;1848年临时政府成员和卢森堡宫委员会主席;采取同资产阶级妥协的立场;1848年8月流亡英国,后为伦敦的法国布朗基派流亡者协会的领导人;1871 年国民议会议员,反对巴黎公社。——31、33、37、43、45、47、55、56、69、83、118。

博古斯拉夫斯基,阿尔伯特·冯(Boguslawski, Albert von 1834—1905)——德国将军和军事著作家,曾参加镇压波兰起义(1863—1864);90 年代起为德国民族主义报刊撰稿。——21、23。

博马舍,皮埃尔·奥古斯坦·卡龙·德(Beaumarchais, Pierre-Augustin Caron de 1732—1799)——法国剧作家。——74。

布阿吉尔贝尔,皮埃尔·勒珀桑(Boisguillebert, Pierre Le Pesant 1646—1714)——法国经济学家和统计学家,重农学派的先驱,法国资产阶级古典政治经济学的创始人;写有《法国详情》和其他经济学著作。——107。

布莱特,约翰(Bright, John 1811—1889)——英国政治家,棉纺厂主,自由贸易派领袖和反谷物法同盟创始人;60 年代初起为自由党(资产阶级激进派)左翼领袖;曾多次任自由党内阁的大臣。——104。

布朗基,路易·奥古斯特(Blanqui, Louis-Auguste 1805—1881)——法国革命家,空想共产主义者,主张通过密谋性组织用暴力夺取政权和建立革命专政;许多秘密社团和密谋活动的组织者,1830 年七月革命和 1848 年二月革命的参加者,秘密的四季社的领导人,1839 年五月十二日起义的组织者,同年被判处死刑,后改为无期徒刑;1848—1849 年革命时期是法国无产阶级运动的领袖;巴黎 1870 年十月三十一日起义的领导人,巴黎公社时期被反动派囚禁在凡尔赛,曾缺席当选为公社委员;一生中有 36 年在狱中度过。——12、45、73、117、118、120。

布雷亚,让·巴蒂斯特·菲德尔(Bréa, Jean-Baptiste-Fidèle 1790—1848)——法国将军,参与镇压 1848 年巴黎六月起义,被起义者击毙。——83。

C

参孙(Simson)——圣经中古犹太人的领袖,以身强力大著称。据《士师记》记载,参孙以留发不剃而具有神力,曾徒手撕裂狮子,以一块驴腮骨击杀 1 000 非利士人。——91。

查理-阿尔伯特（Carlo Alberto［Charles-Albert, Karl Albert］1798 — 1849）——
撒丁和皮埃蒙特国王（1831 — 1849）。——78。

查理十世（Charles X 1757 — 1836）——法国国王（1824 — 1830）；被 1830 年的
七月革命赶下王位。——119。

D

达摩克利斯（Damokles）——古希腊传说中叙拉古暴君迪奥尼修斯（公元前 4
世纪）的宠臣。他常说帝王多福，于是迪奥尼修斯请他赴宴，让他坐在自己
的宝座上，并用一根马鬃将一把利剑悬挂在他的头上，让他知道帝王的忧
患。后来用"达摩克利斯剑"比喻随时都可能出现的灾难。——112。

大卫（David）——据圣经传说，大卫幼年时撒母耳曾为其敷油，预许他继承扫
罗王位。少年时值以色列王扫罗同非利士人作战，遇勇士歌利亚，军中无
人能胜他。大卫自请出战，杀死歌利亚。后大卫继扫罗为以色列王。——
63。

戴克里先（盖尤斯·奥勒留·瓦莱里乌斯·戴克里先）（Gaius Aurelius
Valerius Diocletianus 245 前后 — 313）——罗马皇帝（284 — 305）。——24。

戴斯特，让·巴蒂斯特（Teste, Jean-Baptiste 1780 — 1852）——法国律师和国务
活动家，奥尔良党人，历任七月王朝时期商业大臣、司法大臣和公共工程大
臣，因贪污舞弊被送交法庭审判（1847）。——105。

德弗洛特——见弗洛特（德弗洛特），保尔·路易·弗朗索瓦·勒奈·德。

德尔，路易·弗朗索瓦·欧仁（Daire, Louis-François-Eugène 1798 — 1847）——
法国著作家和资产阶级经济学家，政治经济学著作的出版者。——107。

狄摩西尼（Demosthenes 公元前 384 — 322）——古希腊政治家和演说家，雅典
的反马其顿派的领袖，奴隶主民主制的拥护者；雅典同盟反马其顿战争失
败后（公元前 338）被驱逐出雅典。——100。

杜班，安德烈·玛丽·让·雅克（Dupin, André-Marie-Jean-Jacques 人称大杜班
Dupin aîné 1783 — 1865）——法国法学家和政治活动家，奥尔良党人，众议

院议长(1832—1839),第二共和国时期是制宪议会议员(1848—1849)和立法议会议长(1849—1851);后为波拿巴主义者。——130。

杜邦·德勒尔,雅克·沙尔(Dupont de l'Eure, Jacques-Charles 1767—1855)——法国政治家,自由主义者;18世纪末法国资产阶级革命和1830年革命的参加者;1830年以前是烧炭党领导成员;40年代是王朝反对派的代表人物,接近温和的资产阶级共和派;1848年为临时政府主席,后为国民议会议员。——31。

杜弗尔,茹尔·阿尔芒·斯塔尼斯拉斯(Dufaure, Jules-Armand-Stanislas 1798—1881)——法国律师和政治活动家,奥尔良党人,曾任社会公共工程大臣(1839—1840),第二共和国时期是制宪议会和立法议会议员(1848—1851),卡芬雅克政府的内务部长(1848年10—12月)和波拿巴政府的内务部长(1849年6—10月);第三共和国时期任司法部长,内阁总理。——61、65、105。

杜克莱尔,沙尔·泰奥多尔·欧仁(Duclerc, Charles-Théodore-Eugène 1812—1888)——法国政治活动家和新闻工作者,《国民报》编辑(1840—1846),财政部长(1848年5—6月);第二共和国时期是立法议会议员(1848—1849),动产信用公司董事会成员,国民议会副议长(1875),内阁总理兼外交部长(1882年8月—1883年1月)。——76。

杜山-路维杜尔——见路维杜尔(杜山-路维杜尔),弗朗索瓦·多米尼克。

F

法卢伯爵,弗雷德里克·阿尔弗勒德·皮埃尔(Falloux, Frédéric-Alfred-Pierre, comte de 1811—1886)——法国政治家和著作家,正统主义者和教权主义者,1848年解散国家工场的策划者和镇压巴黎六月起义的鼓吹者,第二共和国时期是制宪议会和立法议会议员(1848—1851),曾任教育和宗教部长(1848—1849)。——67、77、89、101。

疯狂的罗兰(Der rasende Roland)——阿里欧斯托的同名长诗中的主人公。——71。

弗里德里希-威廉二世(Friedrich-Wilhelm Ⅱ 1744 — 1797)——普鲁士国王
(1786—1797)。——19。

弗洛孔,斐迪南(Flocon,Ferdinand 1800—1866)——法国政治家和政论家,小
资产阶级民主主义者,《改革报》编辑,1848 年为临时政府成员;山岳党人;
1851 年十二月二日政变后被驱逐出法国。——31。

弗洛特(德弗洛特),保尔·路易·弗朗索瓦·勒奈·德(Flotte[Deflotte],
Paul-Louis-François-René de 1817—1860)——法国海军军官,民主主义者和
社会主义者,布朗基主义者,巴黎 1848 年五月十五日事件和六月起义的参
加者,第二共和国时期是立法议会议员(1850—1851),1860 年参加加里波
第向南意大利的进军。——118、120。

伏尔泰(Voltaire 原名弗朗索瓦·玛丽·阿鲁埃 François-Marie Arouet 1694—
1778)——法国自然神论哲学家、历史学家和作家,18 世纪资产阶级启蒙运
动的主要代表人物,反对专制制度和天主教。——67、98、113、115。

福适,莱昂(Faucher,Léon 1803—1854)——法国政治家、政论家和经济学家,
奥尔良党人,后为波拿巴主义者;第二共和国时期是制宪议会和立法议会
议员(1848—1851),内务部长(1848 年 12 月—1849 年 5 月和 1851 年)。
——26、67、73、75。

富尔德,阿希尔(Fould,Achille 1800—1867)——法国银行家和政治家,奥尔
良党人,后为波拿巴主义者;第二共和国时期是制宪议会议员(1848—
1849),曾任财政部长(1849—1851),财政大臣(1861—1867),国务大臣和
皇廷事务大臣(1852—1860)。——41、58、70、102、105—106。

富基埃-坦维尔,安东·康坦(Fouquier-Tinville, Antoine-Quentin 1746 —
1795)——法国法学家,18 世纪末法国资产阶级革命的活动家,1793 年任
革命法庭的公诉人。——79。

富歇,约瑟夫(Fouché,Joseph 1759—1820)——法国政治家和警官,18 世纪末
法国资产阶级革命的活动家,雅各宾党人,拿破仑第一内阁的警务大臣,以
毫无原则著称。——113。

G

戈尔迪(Gordius)——古希腊传说中的弗利基亚国王,据传说,他用乱结把轭系在马车的辕上,牢固不可解,声言能解此结者,得以统治整个亚洲,马其顿王亚历山大拔剑斩开此结。"斩断戈尔迪之结"一语转意就是以大刀阔斧的方法解决复杂的问题。——136。

格拉古(盖尤斯·赛姆普罗尼乌斯·格拉古)(Gaius Sempronius Gracchus 公元前153—前121)——古罗马的护民官(公元前123—前122),曾为农民利益进行争取实现土地法的斗争;提比里乌斯·赛姆普罗尼乌斯·格拉古的弟弟。——22。

格拉古(提比里乌斯·赛姆普罗尼乌斯·格拉古)(Tiberius Sempronius Gracchus 公元前162—133)——古罗马的护民官(公元前133),曾为农民利益进行争取实现土地法的斗争;盖尤斯·赛姆普罗尼乌斯·格拉古的哥哥。——22。

格朗丹,维克多(Grandin, Victor 1797—1849)——法国工厂主,保守派政治家,众议院议员(1839—1848);第二共和国时期是制宪议会和立法议会议员(1848—1849)。——26。

格朗尼埃·德卡桑尼亚克,贝尔纳·阿道夫(Granier de Cassagnac, Bernard-Adolphe 1806—1880)——法国新闻工作者,1848年革命前是奥尔良党人,后为波拿巴主义者,第二帝国时期是立法团议员(1852—1870);曾为《立宪主义者报》撰稿,50年代为《国家报》主编。——131。

古德肖,米歇尔(Goudchaux, Michel 1797—1862)——法国银行家,资产阶级共和党人,1848年为临时政府的财政部长,50年代为反对波拿巴主义政体的共和党反对派领袖之一。——56。

H

海尔维格,格奥尔格(Herwegh, Georg 1817—1875)——德国诗人,小资产阶级民主主义者;1842年起成为马克思的朋友,《莱茵报》等多家报刊的撰稿人;1848年二月革命后是巴黎德意志民主协会领导人,巴黎德国流亡者志愿军团组织者之一；1848—1849 年革命的参加者，后长期流亡瑞士；1869 年起为德国社会民主工党（爱森纳赫派）党员。——99。

海瑙男爵，尤利乌斯·雅科布（Haynau, Julius Jakob Freiherr von 1786—1853）——奥地利将军，1848 年镇压意大利的革命；曾任镇压匈牙利革命的奥地利军队总司令（1849）。——97。

亨利五世——见尚博尔伯爵，昂利·沙尔·斐迪南·玛丽·迪约多内·达尔图瓦，波尔多公爵（亨利五世）。

J

基佐，弗朗索瓦·皮埃尔·吉约姆（Guizot, François-Pierre-Guillaume 1787—1874）——法国政治家和历史学家，奥尔良党人；1812 年起任巴黎大学历史系教授，七月王朝时期是立宪君主派领袖，历任内务大臣（1832—1836）、教育大臣（1836—1837）、外交大臣（1840—1848）和首相（1847—1848）；代表大金融资产阶级的利益。——26、29、31、49、59、67、74、96、101。

吉纳尔，约瑟夫·奥古斯坦（Guinard, Joseph-Augustin 1799—1874）——法国小资产阶级民主主义者，制宪议会议员（1848—1849），由于参加 1849 年六月十三日示威游行被判终生监禁，1854 年获赦。——120。

居比耶尔，阿梅代·路易·德庞·德（Cubières, Amédée-Louis Despans de 1786—1853）——法国将军和国务活动家，奥尔良党人；1839—1840 年任陆军大臣，1847 年因营私舞弊被降职。——105。

君士坦丁一世，君士坦丁大帝（Constantinus I［Constantin, Konstantin］, Magnus, Flavius Valerius 约 280—337）——罗马皇帝（306—337）。——24。

K

卡贝，埃蒂耶纳（Cabet, Étienne 人称卡贝老爹 Père Cabet 1788—1856）——法国法学家和政论家，法国工人共产主义一个流派的创始人，和平空想共产主义的代表人物，《人民报》的出版者（1833—1834）；流亡英国（1834—1839）；《1841 年人民报》的出版者（1841—1851）；曾尝试在美洲建立共产主义移民区（1848—1856），以实现其在 1848 年出版的小说《伊加利亚旅行记》中阐述的理论。——45。

卡尔利埃，皮埃尔·沙尔·约瑟夫（Carlier, Pierre-Charles-Joseph 1799—
1858）——法国警官，巴黎警察局长（1849—1851），波拿巴主义者。——
113。

卡芬雅克，路易·欧仁（Cavaignac, Louis-Eugène 1802—1857）——法国将军和
政治家，温和的资产阶级共和党人；30—40年代曾参加侵占阿尔及利亚，
1848年任阿尔及利亚总督；第二共和国时期是陆军部长（1848年5—6
月），镇压巴黎六月起义；曾任政府首脑（1848年6—12月）；立法议会议员
（1849—1851）；1851年十二月二日政变后因反对拿破仑第三的政府而被
捕。——48、50、54、58—66、70、71、76—78、85、91。

卡诺，拉扎尔·伊波利特（Carnot, Lazare-Hippolyte 1801—1888）——法国政治
家和政论家，温和的资产阶级共和党人，七月王朝时期为众议院议员（左派
反对派）；第二共和国时期是临时政府教育部长（1848年2—7月），制宪议
会和立法议会议员（1848—1851）；秩序党的反对者；1851年十二月二日政
变以后成为共和党反对派领袖，反对拿破仑第三的政府。——118、120。

卡普菲格，让·巴蒂斯特·奥诺雷·雷蒙（Capefigue, Jean-Baptiste-Honoré-
Raymond 1801—1872）——法国政论家、历史学家和作家；保皇派。——
131。

卡托（老卡托）（马可·波尔齐乌斯·卡托）（Marcus Porcius Cato Major 公元前
234—149）——罗马政治活动家，历史学家和著作家，维护贵族特权；曾任
执政官（公元前195年），监察官（公元前184年）；《论农业》的作者。——
59。

凯撒（盖尤斯·尤利乌斯·凯撒）（Gaius Julius Caesar 公元前100—44）——
罗马统帅、国务活动家和著作家。——99。

康德，伊曼努尔（Kant, Immanuel 1724—1804）——德国古典哲学的创始人，唯
心主义者；也以自然科学方面的著作闻名。——101。

科布顿，理查（Cobden, Richard 1804—1865）——英国工厂主，自由党人，自由

贸易的拥护者,反谷物法同盟创始人,议会议员(1841—1864);曾参加多次国际和平主义者代表大会,如1850年8月美因河畔法兰克福和平主义者代表大会。——104。

科西迪耶尔,马尔克(Caussidière,Marc 1808—1861)——法国小资产阶级民主主义者,1834年里昂起义的参加者;七月王朝时期秘密革命团体的组织者之一;第二共和国时期任巴黎警察局长(1848年2—5月),制宪议会议员(1848);因政府准备在布尔日对五月十五日事件的参加者进行审判,于1848年8月逃往英国。——37、55、56、83。

克勒尔,恩斯特·马蒂亚斯·冯(Köller,Ernst Mattias von 1841—1928)——德国国务活动家,保守党人,帝国国会议员(1881—1888),曾任普鲁士内务大臣(1894—1895);推行迫害社会民主党的政策。——24。

克雷米约,伊萨克·阿道夫(Crémieux[Cremieux],Isaac-Adolphe 1796—1880)——法国律师和政治活动家,40年代为自由主义者;第二共和国时期为临时政府司法部长(1848年2—5月),制宪议会和立法议会议员(1848—1851)。——31、76。

克雷通,尼古拉·约瑟夫(Creton,Nicolas-Joseph 1798—1864)——法国律师和政治家,奥尔良党人;第二共和国时期是制宪议会和立法议会议员(1848—1851)。——106。

L

拉菲特,雅克(Laffitte,Jacques 1767—1844)——法国银行家和政治活动家,奥尔良党人,金融资产阶级的代表,政府首脑(1830—1831)。——26。

拉克罗斯男爵,贝尔特朗·泰奥巴尔德·约瑟夫(Lacrosse,Bertrand-Théobald-Joseph,baron de 1796—1865)——法国政治活动家,奥尔良党人,后为波拿巴主义者,第二共和国时期任公共工程部长(1848—1849和1851年10—12月)。——91。

拉罗什雅克兰侯爵,昂利·奥古斯特·若尔日·杜韦尔日耶(La Rochejaquelein[Larochejaquelin],Henri-Auguste-Georges Du Vergier,marquis de 1805—

1867)——法国政治家,贵族院议员,正统派领袖,第二共和国时期是制宪议会和立法议会议员(1848—1851),1852年起为第二帝国参议员。——33。

拉马丁,阿尔丰斯(Lamartine,Alphonse 1790—1869)——法国诗人,历史学家和政治家,40年代为温和的资产阶级共和派领袖;第二共和国时期任外交部长(1848),临时政府的实际上的首脑。——31、36、45、48。

拉摩勒特,安东·阿德里安(Lamourette,Antoine Adrien 1742—1794)——法国主教,1792年是立法议会议员,1794年作为反革命分子被处死。——132。

拉萨尔,斐迪南(Lassalle,Ferdinand 1825—1864)——德国工人运动中的机会主义代表,1848—1849年革命的参加者;全德工人联合会创始人之一和主席(1863);写有古典古代哲学史和法学史方面的著作。——14。

拉斯拜尔,弗朗索瓦·万桑(Raspail,François-Vincent 1794—1878)——法国自然科学家、政治家和政论家,社会主义者,《人民之友》的出版者,靠近革命无产阶级;1830和1848年革命的参加者;第二共和国时期是制宪议会议员(1848);1849年因参加1848年五月十五日事件被判处六年徒刑,后流亡比利时;1870—1871年普法战争爆发前夜属于资产阶级共和党反对派,后转向资产阶级民主派立场。——32、45、58、65、73。

拉托,让·皮埃尔·拉莫特(Rateau,Jean-Pierre Lamotte 1800—1887)——法国律师,波拿巴主义者,第二共和国时期是制宪议会和立法议会议员(1848—1851)。——70、71、75。

拉伊特子爵,让·厄内斯特·杜科(La Hitte[Lahitte],Jean-Ernest Ducos,vicomte de 1789—1878)——法国将军,波拿巴主义者,第二共和国时期是立法议会议员(1850—1851)、外交部长和陆军部长(1849—1851)。——119。

赖德律(赖德律-洛兰),亚历山大·奥古斯特(Ledru[Ledru-Rollin],Alexandre-Auguste 1807—1874)——法国政论家和政治家,小资产阶级民主派领袖,《改革报》编辑;第二共和国时期任临时政府内务部长和执行委员会委员(1848),制宪议会和立法议会议员(1848—1849),在议会中领导山岳党;1849年六月十三日示威游行后流亡英国,1869年回到法国。——31、41、44—45、53、55、65、73、76—78、84—85、87—89、92、106、120、128。

老弗里茨——见弗里德里希-威廉二世。

勒克莱尔,亚历山大(Leclerc,Alexandre)——法国商人,秩序党的拥护者,曾参加镇压1848年巴黎工人的六月起义。——128。

勒米尼耶,让·路易·欧仁(Lerminier,Jean-Louis-Eugène 1803—1857)——法国法学家和政论家,30年代末为保守主义者,法兰西学院比较法教授(1831—1839),由于学生抗议而离职。——74。

勒穆瓦讷,约翰·玛格丽特·埃米尔(Lemoinne,John-Marguerite-Émile 1815—1892)——法国政论家,《辩论日报》驻英国记者,后为主编。——131。

路特希尔德男爵,詹姆斯(Rothschild,James,baron de 1792—1868)——巴黎路特希尔德银行行长。——28。

路维杜尔(杜山-路维杜尔),弗朗索瓦·多米尼克(Louverture[Toussaint L'Ouverture],François-Dominique 1743—1803)——海地黑人革命运动的领袖,18世纪末法国资产阶级革命时期反抗西班牙和英国的统治,1791年参加海地第一次奴隶起义,1795年被法国国民公会任命为黑人陆军师长和副总督,1797年任海地武装力量总司令,1800年脱离法国统治而独立,并自任总统,1803年被法国军队击败后被捕,并带至法国。——67。

路易十四(Louis XIV 1638—1715)——法国国王(1643—1715)。——107。

路易十五(Louis XV 1710—1774)——法国国王(1715—1774)。——123。

路易·波拿巴——见拿破仑第三。

路易-菲力浦-阿尔伯,奥尔良公爵,巴黎伯爵(Louis-Philippe-Albert,duc d'Orléans,comte de Paris 1838—1894)——法国国王路易-菲力浦一世之孙,法国王位追求者,称菲力浦七世;1861—1862年站在北部方面参加美国内战。——134。

路易-菲力浦一世(路易-菲力浦),奥尔良公爵(Louis-Philippe I〔Louis-Phi-
lippe〕,duc d'Orléans 1773 — 1850)——法国国王(1830 — 1848)。——
26、28、31、59、61、66、95、99、102—106、131、134。

路易-拿破仑——见拿破仑第三。

罗伯斯比尔,马克西米利安·弗朗索瓦·玛丽·伊西多尔·德(Robespierre,
Maximilien-François-Marie-Isidore de 1758—1794)——法国资产阶级革命的
活动家,雅各宾派的领袖,革命政府的首脑(1793—1794)。——60。

律斯勒,康斯坦丁(Rößler,Konstantin 1820—1896)——德国政论家和官员,柏
林半官方的书籍出版局领导人(1877 — 1892),拥护俾斯麦的政策;曾任外
交部顾问(1892—1893)。——23。

M

马蒂厄(德拉德罗姆),菲力浦·安东(Mathieu〔de la Drôme〕,Philippe-Antoine
1808—1865)——法国小资产阶级民主主义者,第二共和国时期是制宪议
会和立法议会议员(1848—1851),倾向于山岳党;1851 年十二月二日政变
后流亡比利时。——75。

马尔萨斯,托马斯·罗伯特(Malthus,Thomas Robert 1766—1834)——英国经
济学家,教士,人口论的主要代表。——67。

马尔什(小马尔什)(Marche,de jeune)——法国工人,1848 年代表人民要求临
时政府实行劳动法。——33。

马凯尔,罗伯尔(Macaire,Robert)——法国演员弗·勒美尔特所塑造的和
奥·多米耶画笔下的一个狡诈奸商的典型。罗·马凯尔的形象是对七月
王朝时期金融贵族统治的讽刺。——28。

马拉斯特,玛丽·弗朗索瓦·帕斯卡尔·阿尔芒(Marrast,Marie-François-
Pascal-Armand 1801—1852)——法国政论家和政治家,人权社的领导人,
后为温和的资产阶级共和派领袖,《国民报》总编辑;第二共和国时期是临
时政府成员和巴黎市长(1848),制宪议会议长(1848 — 1849)。——45、
54、58、60、62、76、85。

马利·德·圣乔治,皮埃尔·托马斯·亚历山大·阿马布勒(Marie de Saint-Georges,Pierre-Thomas-Alexandre-Amable 人称马利 Marie 1795—1870)——法国律师和政治家,温和的资产阶级共和党人,第二共和国时期是临时政府公共工程部长(1848),曾组织国家工场,执行委员会委员,制宪议会议长(1848),后为卡芬雅克政府的司法部长。——43。

迈达斯(Midas)——古希腊神话中的弗利基亚国王。据传说,太阳神阿波罗把迈达斯的耳朵变成一对驴耳。又据传说,他获得一种魔法,凡接触的东西都变成金子,结果食物也变成金子,他面临饿死的危险。——67。

迈斯纳,奥托·卡尔(Meißner,Otto Karl 1819—1902)——德国出版商,曾出版《资本论》及马克思和恩格斯的其他著作。——5。

麦克马洪伯爵,玛丽·埃德姆·帕特里斯·莫里斯,马真塔公爵(Mac-Mahon,Marie-Edme-Patrice-Maurice,comte de,duc de Magenta 1808—1893)——法国将军和政治活动家,1859年起为元帅,波拿巴主义者;克里木战争、意大利战争的参加者,普法战争时期任第一军军长,后任夏龙军团司令,阿尔及利亚总督(1864—1870),凡尔赛军队总司令(1871),第三共和国总统(1873—1879)。——12。

蒙克,乔治,阿尔比马尔公爵(Monk,George,Duke of Albemarle 1608—1669)——英国将军和政治活动家;17世纪英国资产阶级革命的领袖;初为王党成员,后来是奥·克伦威尔军队将军;1660年曾积极主张英国恢复君主制。——74。

蒙塔朗贝尔伯爵,沙尔·福布斯(Montalembert,Charles Forbes,comte de 1810—1870)——法国政治家和政论家,奥尔良党人,第二共和国时期是制宪议会和立法议会议员(1848—1851),天主教党的领袖;1851年十二月二日政变时支持路易·波拿巴,但不久又成为他的反对者;1852年起为法兰西学院院士。——106—107、129。

摩莱伯爵,路易·马蒂厄(Molé,Louis-Mathieu,comte 1781—1855)——法国政治活动家,奥尔良党人,曾任首相(1836—1839),第二共和国时期是制宪议会和立法议会议员(1848—1851);秩序党领导人。——96。

摩西(Moses)——据圣经传说,摩西是先知和立法者,他带领古犹太人摆脱了埃及的奴役并给他们立下了约法。——105。

莫里哀(Molière 原名让·巴蒂斯特·波克兰 Jean-Baptiste Poquelin 1622—1673)——法国喜剧作家。——132。

N

拿破仑第一(拿破仑·波拿巴)(Napoléon I〔Napoléon Bonaparte〕1769—1821)——法国皇帝(1804—1814 和 1815)。——28、63—65、67、68、107、111、113、136、137。

拿破仑第三(路易-拿破仑·波拿巴)(Napoléon III〔Louis-Napoléon Bonaparte〕1808—1873)——法兰西第二共和国总统(1848—1851),法国皇帝(1852—1870),拿破仑第一的侄子。——5、11、12、14、58、63—72、74、75、77—79、82—84、87—89、97—101、106—108、113、114、118—120、131—138。

奈伊伯爵,拿破仑·昂利·埃德加(Ney, Napoléon-Henri-Edgar, comte de 1812—1882)——法国将军,波拿巴主义者,路易·波拿巴总统的侍卫官,第二共和国时期是立法议会议员(1850—1851)。——99。

尼古拉二世(Николай II 1868—1918)——俄国皇帝(1894—1917)。——20。

涅墨西斯(Nemesis)——古希腊神话中的复仇女神,共三人,又称依理逆司或厄默尼德。——86。

诺马耶,马克西米利安·若尔日·约瑟夫(Neumayer, Maximilian-Georges-Joseph 1789—1866)——法国将军,秩序党的拥护者,巴黎卫戍司令(1848—1850)。——137。

P

帕芒蒂耶(Parmentier)——法国厂主和金融家,1847 年因贿赂官吏受审。——105。

帕涅尔,洛朗·安东(Pagnerre, Laurent-Antoine 1805—1854)——法国出版商和政治活动家;资产阶级共和党人;1848年是临时政府和执行委员会的秘书长,制宪议会议员。——76。

帕西,伊波利特·菲利贝尔(Passy, Hippolyte-Philibert 1793—1880)——法国政治活动家和经济学家,奥尔良党人,七月王朝时期曾数度入阁,第二共和国时期是财政部长(1848—1849)。——98、105。

蒲鲁东,皮埃尔·约瑟夫(Proudhon, Pierre-Joseph 1809—1865)——法国政论家、经济学家和社会学家,小资产阶级思想家,无政府主义理论的创始人,第二共和国时期是制宪议会议员(1848)。——12、126。

R

日拉丹,埃米尔·德(Girardin, Émile de 1806—1881)——法国资产阶级政论家和政治活动家;1836—1866年曾断续地担任《新闻报》编辑,后为《自由报》编辑(1866—1870);1848年革命前反对基佐政府,革命时期是资产阶级共和党人,第二共和国时期是立法议会议员(1850—1851),第二帝国时期为波拿巴主义者。——130。

S

塞巴斯蒂亚尼伯爵,奥拉斯·弗朗索瓦·巴斯蒂安(Sébastiani, Horace-François-Bastien, comte de 1772—1851)——法国元帅,外交家;1801—1802年在土耳其、埃及和叙利亚任拿破仑第一内阁的外交使节;曾任驻君士坦丁堡大使(1806—1807),外交大臣(1830—1832),驻伦敦大使(1835—1840)。——49。

赛居尔·达居索伯爵,雷蒙·约瑟夫·保尔(Ségur d'Aguesseau, Raymond-Joseph-Paul, comte de 1803—1889)——法国律师和政治活动家,第二共和国时期是立法议会中的秩序党代表。——120。

扫罗(Saulus)——据圣经传说,是第一个以色列王。——63。

尚博尔伯爵,昂利·沙尔·斐迪南·玛丽·迪约多内·达尔图瓦,波尔多公爵(亨利五世)(Chambord, Henri-Charles-Ferdinand-Marie Dieudonné d'Artois, duc de Bordeaux,comte de,Henri V 1820—1883)——法国波旁王室长系的最后代表,查理十世之孙,1830 年七月革命后逃亡国外,法国王位的追求者,称亨利五世。——134。

尚加尔涅,尼古拉·安娜·泰奥杜尔(Changarnier, Nicolas-Anne-Théodule 1793—1877)——法国将军和政治活动家,保皇派;第二共和国时期是制宪议会和立法议会议员(1848—1849),曾参加镇压 1848 年巴黎六月起义;后为巴黎卫成部队和国民自卫军司令,曾参加驱散巴黎 1849 年六月十三日示威游行,1851 年十二月二日政变后被逮捕并被驱逐出法国,1859 年回到法国;普法战争时期在莱茵军团司令部任职,1871 年国民议会议员。——67—68、74、75、85、92、96—97、132—133、136—138。

圣路易(Ludwig,der heilige)——法国国王。——97。

斯芬克斯(Sphinx)——古希腊神话中半截狮身半截美人的怪物。传说它常向过路人提出难猜的谜语,谁猜不出,谁就被它吃掉。后来谜底被奥狄浦斯道破,遂即自杀。今用以隐喻"谜"一样的人物。——38。

苏,欧仁(Sue,Eugène 原名玛丽·约瑟夫 Marie-Joseph 1804—1857)——法国作家,著有一些小市民的伤感的社会小说;第二共和国时期是立法议会议员(1848—1849)。——114、128、130。

苏路克,法斯廷(Souslouque, Faustin 1782—1867)——海地共和国总统(1847—1849),1849 年自立为帝,称法斯廷一世。——67、113、117。

T

特雷拉,于利斯(Trélat, Ulysse 1795—1879)——法国政治活动家,职业是医生,资产阶级共和党人,第二共和国时期是制宪议会副议长(1848)、公共工程部长(1848 年 5—6 月)。——47。

梯也尔,阿道夫(Thiers, Adolphe 1797—1877)——法国国务活动家和历史学家,奥尔良党人,曾先后任内务大臣、贸易和公共事务大臣(1832—1836)、首相(1836 和 1840);第二共和国时期是制宪议会和立法议会议员(1848);第三共和国政府首脑(内阁总理)(1871)、总统(1871—1873);镇压巴黎公社的刽子手。——12、95—96、99、101、114、129、131。

W

威廉一世(胜者威廉)(Wilhelm I〔William the Victorious〕1797—1888)——普鲁士亲王,摄政王(1858—1861),普鲁士国王(1861—1888),德国皇帝(1871—1888)。——6、11。

维达尔,弗朗索瓦(Vidal,François 1814—1872)——法国经济学家;小资产阶级社会主义者,路·勃朗的追随者;1848年卢森堡宫委员会书记,第二共和国时期是立法议会议员(1850—1851)。——118、120、127。

维吉尔(普卜利乌斯·维吉尔·马洛)(Publius Vergilius Maro 公元前70—19)——罗马诗人。——98。

维维安,亚历山大·弗朗索瓦·奥古斯特(Vivien,Alexandre-François-Auguste 1799—1854)——法国律师和政治活动家,奥尔良党人,1840年任司法大臣,1848年任卡芬雅克政府公共工程部长。——61。

沃邦侯爵,塞巴斯蒂安·勒普雷特尔(Vauban,Sébastien Le Prêtre〔Prestre〕,marquis de 1633—1707)——法国元帅,军事工程师,写有筑城学和围攻方面的著作以及经济学著作《王国什一税》。——107。

乌迪诺,尼古拉·沙尔·维克多,雷焦公爵(Oudinot,Nicolas-Charles-Victor,duc de Reggio 1791—1863)——法国将军,奥尔良党人,温和的资产阶级共和党人;第二共和国时期是制宪议会和立法议会议员(1848—1851);1849年指挥军队侵犯罗马共和国;曾任巴黎国民自卫军司令,试图组织力量抵抗1851年十二月二日政变,后离开军界。——79、87、88。

X

小尼古拉——见尼古拉二世。

Y

雅努斯(Janus)——古罗马神话中的两面神,有前后两副面孔,一副向着过去,另一副朝向未来,掌管门户出入和水陆交通;后人用雅努斯这一名字比喻口是心非的人。——87。

亚历山大大帝（Alexander the Great 公元前 356—323）——古代著名的统帅，马其顿王（公元前 336—323）。——136。

尤维纳利斯（德齐姆斯·尤尼乌斯·尤维纳利斯）（Decimus Junius Juvenalis 60 前后—127 以后）——罗马讽刺诗人。——22。

雨果，维克多·玛丽（Hugo, Victor-Marie 1802—1885）——法国作家，资产阶级共和党人，第二共和国时期是制宪议会和立法议会议员（1848—1851），1851 年十二月二日政变后流亡泽西岛；1855 年底被英国当局驱逐出境，1870 年回到法国，1871 年国民议会议员，第二帝国时期为参议员（1876）。——99、131。

约瑟（Joseph）——圣经中的人物。据创世记记载，是犹太人的祖先雅各的第十一个儿子，被自己的兄弟出卖给埃及，成了埃及法老的侍卫长波提乏的仆人，以仁慈、贤能和正派著称，后成为法老的宰相。——98。

责任编辑：崔继新　刘江波
装帧设计：汪　莹
版式设计：周方亚
责任校对：阎　宓

图书在版编目（CIP）数据

1848 年至 1850 年的法兰西阶级斗争/马克思著;中共中央马克思恩格斯列宁斯大林
　著作编译局编译. -北京:人民出版社,2014.12(2018.3 重印)
（马列主义经典作家文库）
ISBN 978 - 7 - 01 - 014076 - 6

Ⅰ.①1… Ⅱ.①马… ②中… Ⅲ.①马列著作-马克思主义 Ⅳ.①A122

中国版本图书馆 CIP 数据核字（2014）第 244939 号

书　　名	**1848 年至 1850 年的法兰西阶级斗争**
	1848NIAN ZHI 1850NIAN DE FALANXI JIEJI DOUZHENG
编 译 者	中共中央马克思恩格斯列宁斯大林著作编译局
出版发行	人民出版社
	（北京市东城区隆福寺街 99 号　邮编 100706）
邮购电话	（010）65250042　65289539
经　　销	新华书店
印　　刷	北京新华印刷有限公司
版　　次	2014 年 12 月第 1 版　2018 年 3 月北京第 2 次印刷
开　　本	635 毫米×927 毫米 1/16
印　　张	12.75
插　　页	3
字　　数	149 千字
印　　数	10,001-15,000 册
书　　号	ISBN 978 - 7 - 01 - 014076 - 6
定　　价	30.00 元